領導才能

Leadership: A Very Short Introduction

U0118375

Leadership: A Very Short Introduction

領導才能

基思·格林特 (Keith Grint) 著
馬睿 譯

OXFORD
UNIVERSITY PRESS

OXFORD
UNIVERSITY PRESS

Oxford University Press is a department of the University of Oxford.
It furthers the University's objective of excellence in research, scholarship,
and education by publishing worldwide. Oxford is a registered trade mark of
Oxford University Press in the UK and in certain other countries

Published in Hong Kong by
Oxford University Press (China) Limited
39/F, One Kowloon, 1 Wang Yuen Street, Kowloon Bay, Hong Kong

This Orthodox Chinese edition © Oxford University Press (China) Limited

The moral rights of the author have been asserted

First edition published in 2019

領導才能

基思・格林特 (Keith Grint) 著

馬睿 譯

ISBN: 978-0-19-047695-3

1 3 5 7 9 10 8 6 4 2

English text originally published as *Leadership: A Very Short Introduction*
by Oxford University Press © Keith Grint 2010

目錄

致 謝

　　這本小書是我在過去二十多年裏，跟許多朋友、同事和學生進行無數次談話的集大成。其中，我想感謝以下諸位：

John Antonakis, John Atkinson, Richard Badham, John Benington, David Bolger, John Bratton, Stephen Brookes, Alan Bryman, Brigid Carroll, Peter Case, Andy Coleman, David Collinson, Rhys Cowsill, Rebecca Cox, Sue Dopson, Mike Dunn, Gareth Edwards, Paul Ellis, Gail Fairhurst, Yiannis Gabriel, Amanda Giles, Jonathan Gosling, David Grant, Peter Gray, Mike Harper, Jean Hartley, Julia Hockey, Richard Holmes, Kerry Iwaniszyn, Brad Jackson, Kim James, Doris Jepson, Drew Jones, Owain Jones, John Jupp, Andrew Kakabadse, Mihaela Kelemen, Nannerl Keohane, Donna Ladkin, Boje Larsen, Jim Lawless, Patrick Leonard, Sarah Lewis, James McCalman, Kevin Morrell, Anne Murphy, Janine Nahapiet, Debra Nelson, Hilarie Owen, Ken Parry, Edward Peck, Gillian Peele, Lesley Prince, Tracy Reeves, Robin Ryde, Jim Scholes, Boas Shamir, Joe Simpson, David Sims, Amanda Sinclair, Georgia Sorenson, Gillian Stamp, Mark Stein, John Storey, Stefan Sveningsson, Marc Thompson, Dennis Tourish, Irwin Turbitt, Linda Sue Warner, Holly Wheeler, Martin Wood, Steve Woolgar, and Marshall Young.

　　我還想感謝那些沒有署名的審稿人，特別是最終審稿人。最後，我工作和生活中除此之外的一切，都要感謝我的家人：Adam, Beki, Katy, Kris, Rebecca, Richie, 當然還有 Sandra.

第一章
領導才能是什麼？

引言

　　領導才能是什麼？這麼說吧，在對領導才能苦思冥想了近三千年，又潛心「鑽研」了一個多世紀之後，我們似乎還遠未就其基本含義達成共識，遑論其可否傳授，抑或其效果能否衡量和預測。之所以如此，不可能是因為缺乏興趣或資料：2003年10月29日這一天，在英國亞馬遜網上出售的「領導才能」相關書籍就多達14 139種。短短六年後，該數字又增加了將近三倍，達到53 121種 —— 清楚地表明在未來很短時間內，有關領導才能的書籍種數將超過閱讀它們的人數。你多半會覺得信息增加必然意味着理解深化，這是人之常情。然而很遺憾，與我們開始出版這麼多資料之前相比，如今人們對於何為領導才能的理解更是差之千里，看似與其定義的「真知」漸行漸遠。此言不虛，圖1就展示了我本人研讀過的相關文獻。我在1986年前後開始閱讀領導才能文獻時，就已經在不

同的領導崗位上工作過一段時間了，所以那時我雖然所讀甚少，但已經從生活這所大學中學到了關於該主題的一切。後來我讀的資料越來越多，才意識到自己此前所知的「真理」全都是沙上築塔，因此隨着知識的增加，我的理解反而退化了。2006年最是艱難，我閱讀了數百部乃至上千部著述，最終卻證明了蘇格拉底的說法——智慧的唯一源泉，乃是體味到自己的無知。我覺得我目前正在逐漸恢復，總算扎實地確定了這樣一個結論：在其最根本的意義上，作為個體領導者，領導才能的所謂「精華」遺漏了追隨者，而沒有追隨者，任何人都不可能成為領導者。的確，不妨將此作為領導才能的最簡單的定義：「有人追隨。」

那麼我們當如何考察這一課題呢？為領導才能下定義之所以重要，不光是要在文字遊戲中為它界定一個空間，也不僅僅是一個詭辯遊戲；確實，我們不需要就定義達成共識（雖然各個組織內部或許應該如此），但我們至少應該能夠理解彼此的立場，以便在論戰中知己知彼。畢竟，如何定義領導才能，對於組織的運作或者不運作的方式及其獎懲對象，都有着至關重要的意義。逾50年前，W. B. 加利[1] 稱權力是一個「本質上存在爭議的概念」。加利指出，許多概念，例如權力，都存在「使用者應如何正確使用它們的無

1　加利（W. B. Gallie 1912–1998），蘇格蘭社會理論家、政治理論家、哲學家。——譯者注。除特別說明外，本書腳注均為譯者所加。

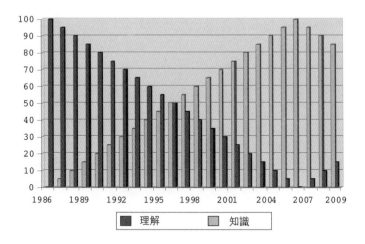

圖1　領導才能：知識與理解

窮爭議」，以至於爭議似乎無法解決。例如，要討論布殊或布萊爾是不是「好的」領導者，恐怕眾說紛紜，難以定奪，由於辯論各方對於何為「好的」領導者的定義不同，達成共識的希望極其渺茫。

所以我們無須就定義達成一致，但需要知道那些定義各是什麼。首先不妨考察一下最流行的書籍中關於此事有何說法。許多這類書籍都建立在自傳或傳記類敘述的基礎上，這樣就把領導才能和被視為領導者的個人關聯起來。還有些將領導才能定義為一個過程 —— 或許是領導者所採納的風格，或許是「意義建構」之類的過程(韋克[2]的說法，即「使未被充分理解且相互矛盾的信息變得合理的過程」)，又或者是領導者的具體實踐。有些在定義領導才能時只考察有權之人的所作所為 —— 一種從地位角度切入的方法。其定義往往與權力的定義密不可分，汲取了韋伯和達爾[3]的原創思想，即權力(因而領導才能也是如此)是迫使他人違背自身意願做某事的能力。這一視角往往將領導才能鎖定為動員某個群體或社會共同實現某種目的 —— 是一種從結果角度切入的方法。本書後文中還會談到這些方法中的某一些，但除了標示這些定義的

2　愛德華·韋克(Karl E. Weick 1936–)，美國組織理論家，以在組織研究中引入了「鬆散的聯合」、「內觀」和「意義建構」等概念而得名。他是密歇根大學羅斯商學院的倫西斯·利克特講席資深教授。

3　羅伯特·達爾(Robert Dahl 1915–2014)，美國政治學家，當代政治學巨擘，民主理論大師。

不同屬性之外，它們非但未能撥雲見日，反令我們如墮霧裏。看來對領導才能的定義的確見仁見智，且即便這些定義有相似之處，卻也過於複雜，讓大多數試圖解釋何以存在差別的人無從下手。不過分歧似乎是圍繞着四個爭議領域展開的，它們分別將領導才能定義為地位、個人、結果和過程。

這一四重分類法並未聲稱自己無所不包，不過它應該囊括了我們對領導才能的大部分定義。此外，這一分類法也沒有高下之分：它並未聲稱某一個定義比另一個更重要，而且與共識視角相反，它賴以建構的基礎是可以互不相容的。事實上，我們或許不得不選定當前討論的是哪一種領導才能形式，而不是試圖無視差異的存在。不過，領導才能的經驗實例很有可能會包含上述四種形式的元素。如此一來，我們就有了四個主要選項：

- 將領導才能定義為地位：「領導者」所處的位置使之成為領導者？
- 將領導才能定義為個人：「領導者」擁有的個性使之成為領導者？
- 將領導才能定義為結果：「領導者」實現的成就使之成為領導者？
- 將領導才能定義為過程：「領導者」行事的方式使之成為
- 領導者？

所有這些都是「理想型」，根據韋伯的主張，「真實的」實證案例或許根本不會以任何純粹的形式存在，但這確實幫我們更好地理解了領導才能這一現象，以及與之相伴的千頭萬緒、盤根錯節——因為對不同的人來說，領導才能的意義截然不同。因此，這是一個探索模式，是為世界建構意義的注重實效的嘗試，而非試圖將世界劃分成多個「客觀」的片段，讓它們分別映射我們所認定的現實。在考察了上述四種不同的領導才能研究視角之後，我會指出，正因為存在這些差異，人們迄今很難就領導才能的定義達成一致意見，也正是因為這些差異，這一模式對領導才能的執行和分析至關重要。

定義領導才能

基於地位的領導才能

傳統觀念認為，領導才能與組織中的某一個空間位置有關——有些是正式的，有些是非正式的。因此，我們可以把領導才能定義為處在某個垂直——通常是正式的——等級結構中，某一地位的人所從事的活動，該地位給予他們領導他人所需的資源。這些人「居於我們之上」、「高人一等」，是「上級」，等等。事實上，他們顯示出我們所謂「主管領導」的特質。我們通常就是這樣看待垂直等級結構中的首腦

的，不管是CEO（首席執行官），還是軍事將領，還是校長或其同類。這些人領導的方式是通過自己的地位對龐大的下級網絡實施管控，任何必要的變革往往都是頂層驅動的。該「驅動力」的存在還暗示着組織運作的機制假設，以及主管們所擁有的強制力量：將軍可以下令行刑，法官可以監禁他人，CEO可以處罰乃至解僱員工，如此等等。

這一垂直架構的一個相關方面是表面看來平行的權力和責任架構。既然領導者是「主管」，那麼按道理，他或她能夠確保自己的意願得以執行。但雖說正式的領導者可以命令下級服從——且通常之所以能夠如此，原因之一就是資源的不平衡——這種服從卻從來不是鐵板釘釘的。事實上，可以説權力本身就涵蓋一種與事實相悖的可能性，是一個虛擬動詞語態而不僅僅是動詞——它可能會走向反面。的確，完全可以説，權力與其説是造成服從行為的原因，不如説是它的結果：當且僅當下屬服從領導者的命令時，領導者才是有權力的。如若不然，我們就無法解釋嘩變——只有當下屬有能力説「不」，也有勇氣承擔後果時，這種軍事等級結構中的反抗行為才有可能發生。

當我們進而考察帶頭領導時，這種將領導才能限定為垂直等級結構內部某一地位的做法也會暴露出其局限性，帶頭領導是一種水平視角，其領導才能在很大程度上與垂直等級無關，而通常是通過某個網絡或

某種動態分層結構(靈活而流動的等級結構)形成的非正式體系。「帶頭」領導可能表現為好幾種形式，其與主管領導的結合點可能出現在某個等級結構底端的次末級。例如，在軍隊中，這樣的領導可能出現在下士一級，他們有一定程度的正式權限，但可以通過身先士卒的方式來確保自己在普通士兵(他們的追隨者)中的地位。的確，對軍隊的成功而言，基層領導的領導能力可能非常關鍵。這麼說吧，有句老話說軍士是「軍隊的中流砥柱」，還是很有道理的。

不過更常見的情況是，我們會通過某個時尚先鋒——這是走在追隨者「前頭」的人，無論是服裝、音樂、文化、商業模式，還是別的什麼時尚——來考察帶頭領導。這些領導者在不擁有任何正式權限的情況下，為大批時尚追隨者引領潮流。但帶頭領導也包括指點迷津之人，既有為人帶路的專業嚮導，也有在某次週日漫步中，知道如何通過最佳路線帶領一群朋友到達某個共同目的地的隨便什麼人。兩種指路人都通過在前方帶路的角色而展示了領導才能，但兩者都未必是某個正式等級結構中的正規設置。為解釋這一方面的含義，我們甚至可以追溯到英語中「leadership」一詞的詞源。英語中「leadership」一詞最初的幾個詞源分別是古德語「*Lidan*」，意為「走」；古英語「*Lithan*」，意為旅行；以及古挪威語「*Leid*」，意為尋找航海路線。

帶頭領導的另一層意義，是將某個原本被禁止的行為合法化。例如，不妨考察一下希特勒公然公開的反猶主義言行如何讓追隨者們的反猶主義宣言變得正當合法了。此外已經有人指出，諸如自殺之類的做法或塗鴉之類的反社會行為，因為「帶頭領導」的「許可」而令其他人爭相效法，因此這類行為往往會快速氾濫，社會行為近乎變成了某種瘟疫。

　　如此說來，這一地位層面的領導才能會因其正式或非正式架構的程度，以及垂直或水平構成的方式而異。主管領導暗指資源和權限在某種程度上被集中起來，而在某些情況下，帶頭領導或許暗指更接近於沒有權限的領導。然而這是否表明，相對於領導者所處的地位而言，領導者的性格與領導才能並沒有那麼息息相關呢？

基於個人的領導才能

　　是不是你的個性決定了你能否成為一個領導者？當然，這呼應了傳統的特質觀念：某領導者的性格或特性。作為這一觀念的最佳範例，不妨想想那些人格力量超凡、追隨者完全是因為其個人「魅力」而不離不棄的領袖們。諷刺的是，雖然我們付出了極大努力來將理想的領導者簡化為他或她的基本特性，諸如該領袖的基本性格特徵、能力或行為，但簡化本身同時也貶低了其價值。這個過程很像是一位研究領導才能

的科學家變成了廚子，忙着把某一位著名領導者的基本特性放在平底鍋上煎炒烹炸，從而把該領導者簡化為一串基本特性。最後再把烹飪過程剩下的殘餘物取樣分析，把具體的物質分解成不同的化合物。然而悖論是，雖說某些化學殘餘確有此效力（比方說，人們往往認為海洛因是把他人「帶入」歧途的罪魁禍首），對「領導才能是什麼」的問題卻未予解釋，因為脫離了追隨者或具體背景來分析領導者不啻是緣木求魚。

另一個互補或相反的論點是將領導才能大致定義為集體的而非個體的現象。根據這一觀點，關注點通常會從某一個體正式領導者轉向多位非正式的領導者。比方說，不妨考察一下組織事實上是如何取得成就的，而不是過於關注CEO說組織應該取得怎樣的成就。這樣一來，我們就能追蹤非正式的意見領袖所發揮的作用，看他們如何說服同事們求同存異、大幹快上或消極怠工，諸如此類。本書第七章會回過頭來考察這個問題。

無論如何，以這一標準界定的領導才能基本上是根據哪一個或哪一些人是（正式和非正式的）領導者來定義的，這樣一種觀點或許與領導者及其追隨者之間，或各個領導者之間的情感關係有關。最為極端的情況是，這種情感關係會讓「人群」中的追隨者們無法鑒別正義與邪惡的行為。雖說西方人總是迷信英雄主義個人，將其視為領導偶像，我們卻完全不清楚這

樣的例子能否脫離社會單獨存在。例如，牛頓或許可以聲稱自己「領導了」萬有引力的發現，但事實上那是牛頓與羅伯特‧胡克[4]和埃德蒙‧哈雷[5]共同努力的結果。或許還應在這裏對作為手段和作為目的的領導才能加以區分。舉例來說，流水線是工人們被「領導」進行勞動的手段，但最終的目的並非由機器發起，而是由存在但隱形的領導者(們)建構的。那麼，領導才能的目的 —— 結果 —— 到底有多重要呢？

基於結果的領導才能

基於結果來考察領導才能或許更合適一些，因為沒有結果 —— 領導才能的目的 —— 便沒有多少支持性證據。「有潛力」成為偉大領導者的人或許成千上萬，但如果沒有機會發揮潛力，如果該領導才能沒有產生直接的成果，那麼邏輯上就很難稱這些人為「領導者」，除非是在談及「失敗的」或「理論上的」領導者 —— 也就是事實上沒有多大成就的人。另一方面，有一種傾向認為，結果既是領導才能的首要標準，也應該歸功於領導者：例如，既然公司利潤增加了200% —— 這是公司的首要目的 —— 我們就應該對領

4　羅伯特‧胡克(Robert Hooke 1635–1703)，英國博物學家、發明家。他提出了描述材料彈性的基本定律 —— 胡克定律，且提出了萬有引力的平方反比關係。

5　埃德蒙‧哈雷(Edmund Halley 1656–1742)，英國天文學家、地理學家、數學家、氣象學家和物理學家，曾計算出哈雷彗星的公轉軌道。

導者給予適當的獎勵。但這裏還有另外兩個問題需要深入考察。第一，我們為什麼、又如何能把一個組織的集體成果歸功於個體領導者的行為？第二，假設我們可以通過因果關係把二者聯繫在一起，為實現那些成果所使用的方法能否在任何程度上決定領導才能的存在？

第一個問題，即把成果的源頭追溯至個體領導者的行為，存在巨大爭議。一方面，好幾個從心理學出發的領導才能研究表明，領導者所起的作用是可以衡量的，但更傾向於社會學的作者往往會否定這類衡量方法的有效性。因此我們或許有明顯的成功或失敗的證據，也知道當時的領導者是誰，卻很少能斷然聲稱該領導者的行為直接導致了這樣的結果 (見羅森茨魏希關於該問題的研究，列於延伸閱讀[6]部分)。更為常見的情況是，還有大量的人和過程橫亙於領導者與最終結果之間。那麼你或許會問，為什麼我們在追責時一般都會把目標鎖定在領導者身上呢？法國社會學家埃米爾‧涂爾幹在19世紀末20世紀初寫道，追隨者們事實上希望其領導者像神一樣行使權力。這給了追隨者兩個各自獨立但彼此相關的好處：第一，所有艱難決策的責任都可以落在領導者肩上 (這也就能夠解釋為什麼領導者與追隨者得到的獎勵存在巨大差異了)；第二，當 (事實發生而非假設) 該領導者失敗了，追隨

6　見推薦閱讀書目。──編注

者們可以讓他或她做替罪羊，為自己洗脫責任。反對基於結果的領導才能，特別是反對「偉人」領導的結果的最極端例子，出現在托爾斯泰的《戰爭與和平》中，他把領導者比作行船划開的船頭波——總是出現在船的前方，理論上引導着船的前進，但事實上它並沒有引導，而只是受到了船(組織)本身的推動而已。

這又把我們引向了基於結果的領導才能的第二個核心問題——實現結果所歷經的過程有無任何實際作用？毫無疑問，辦公室或學校裏的霸凌者如果能成功地「懲惡」追隨者們懾於懲罰的威脅而服從其命令，那麼根據基於結果的標準，此人就是一個領導者——前提是其強迫行為必須成功有效。然而這樣一個基於結果的研究領導才能的方法就和某些觀點產生了直接的矛盾，後者認為領導者之所以與眾不同，依據就是領導才能——據稱是非強迫性的——與我們認定為「霸凌」或「專橫」等等的所有其他活動形式之間，存在着某種推定的差異。領導才能的大多數方面的確使用了可能被某些人，特別是服從之人認定為強迫性的動員策略。因此宗教領袖或許認為他或她的行為只不過是在向追隨者揭示真理——追隨者可以自願選擇是否聽信。然而如果追隨者堅信不遵守那些宗教信條就會讓他們永墮地獄之火而萬劫不復，那麼他們或許會認為這也是強迫性的。同樣，僱主可能也並不覺得僱傭合同是強迫性的，因為雙方都是自願簽訂合同，

但如果僱員覺得未能按照要求的水平完成工作就會導致其被「炒魷魚」——與之相伴,還要備受羞辱、歧視和貧窮之苦——那麼他或她也可能認定該合同是強迫性的。縱然如此,對於那些認為領導才能首先是目的性的、應專注結果的人來說,實現這些結果的過程,甚或領導者是否應對這些結果負責,可能都無關緊要了。

當然,基於結果的領導才能未必局限於專制獨裁或無良邪惡的領導者;相反,那些極為現實的、或許顯然沒有什麼領袖魅力,但做事效率極高之人也會顯示出這一特徵。他們所做的大量工作往往得不到多少關注,但對組織的運轉至關重要,這種形式的領導才能可能會吸引追隨者的興趣,但不會與後者建立情感關係。

就這一點而言,一個特別有說服力的例子是本傑明·富蘭克林,他早期的成功似乎並非因為明確宣講了某個令人振奮的遠景目標,他也沒有激發起追隨者的情緒,讓他們超越個人利益為大眾謀福利。相反,富蘭克林的實用主義領導才能根植於他總是能夠為懸而未決的問題找到現實的解決方案,從而吸引了他人的興趣而非激發了他們的情感。然而那些被富蘭克林動員起來的人並非像某些領導才能交易理論所理解的那樣,只是跟他做了一筆交易。原因在於,舉例來說,在鼓動費城建立警察局、開設醫院、發行紙幣、

鋪設人行道、發展照明和設置志願消防部門等等的過程中，富蘭克林的領導技能體現在說服同事們解決他們自己面對的現實問題上。這裏很重要的一點是，富蘭克林有沒有顯示出領導才能，因為雖然結果很明顯，確保那些結果實現的那隻手卻是看不見的。事實上，如果富蘭克林在事業開展不久便英年早逝了，那麼大部分這類不公開的聯繫活動可能根本不會公之於世，人們也就不會認為他是個偉大的領導者。

因此，基於結果的領導才能既可以體現在領袖魅力極為突出的個人身上，也可以體現在幾乎完全隱形的「社會工程師」身上；此外，它還體現在各種方法上，既包括實現的目標、獲取的成果所指的「我們取得了哪些成就」，也包括「我們來這裏做什麼」這樣一種關注目的或身份的哲學，後文還會談到這種哲學。不過正如上文所指出的，並非每個人都認為最重要的是結果而非方法；那麼，關注領導才能得以體現的過程能否提供一個全然不同的視角呢？

基於過程的領導才能

有一種假說認為，我們為之貼上「領導者」標籤的那些人跟非領導者的行事風格全然不同 —— 有些人「做事有領導風範」 —— 但這是什麼意思呢？它可能是說當時的背景至關重要，也可能是說領導者必須做出表率，或者這一差異屬性在個體生活的早期階段

就已初露端倪，所以我們才會在學校的操場或運動場上看到有些孩子是「天生」的領導者。然而這一「過程」差異到底是什麼呢？領導者就是據稱能避免任何虛偽之嫌，做出我們所需要的表率的人嗎？當有必要做出犧牲，或者追隨者又要求新的行為模式時，作為眾人表率的領導者是不是最成功的？

或許如此，但考慮一下與這一理想型相悖的兩個反例。第一個是，不管能否做出表率，軍士長往往都有追隨者。我們或許可以爭辯說那些在練兵場上對士兵大吼大叫以勢壓人的軍士長並非「真正的」領導者，但如果他們的領導過程確實培養了訓練有素的士兵，我們能否據此推論說，因為軍隊是建立在強迫機制之上的，那裏不可能展現出領導才能？抑或所謂的合理領導過程取決於局部文化？也就是說，士兵本該被強迫，他們很可能不會認可其軍士長或軍官們通過「領導才能」這樣的平等主義辯論而達成共識的嘗試？

第二個反例是海軍上將納爾遜[7]，此人在軍事上的豐功偉績幾乎永遠建立在悖論情境之中，即他要求下屬絕對服從海軍的規章制度，但他本人卻違反了同一規章制度中的幾乎每一項條款。然而納爾遜的成功並非只是因為他屢犯軍規，還因為他吸引並動員了追隨者，尤其是他戰艦上的那些下屬軍官們，也就是他

7　納爾遜（Admiral Nelson 1758–1805），英國18世紀末19世紀初的著名海軍將領及軍事家。

的「兄弟連」。因此在某一層面上，這一過程方法或許能夠囊括為動員追隨者所使用的具體技能和資源：雄辯強據、施展威風、拉攏賄賂、身先士卒、驍勇善戰，如此等等。在這一外表掩蓋下的領導才能必然是一個關係概念而非佔有概念。換句話說，如果下屬拒不服從，你是否覺得自己擁有高超的過程技巧就無關緊要了。這麼說來，我們或許可以通過區分領導者和追隨者的行為過程來識別領導才能，但這並不意味着只需羅列出那些放之四海而皆準的過程就萬事大吉。畢竟，不能指望一位公元二世紀的羅馬領導者跟公元21世紀的意大利政治家的行事作風完全一致（雖然這也不無可能），不過說到底，我們關於領導才能的大部分假設仍然跟我們自己而非他人的文化語境有關——情況之複雜，無異於打開了潘多拉的盒子，根本無法在這樣一部通識讀本中充分展開（見楚卡爾Chhokar等，列於延伸閱讀部分）。

誠然，關於領導才能過程的很多論述或許都圍繞着「偉人」的行為展開，但長期以來，關於男人和女人的領導風格是否相同，或者他們的領導方式是否受到了各自性別的基因和文化影響，一直是個很大的爭議焦點。雖然托馬斯·卡萊爾筆下英雄主義的「男人」們解決了其追隨者的問題（見第三和第四章），但可能與領導才能真正相關的，還是讓追隨者勇敢地承擔起自己的責任。的確，對大多數人而言領導才能或

許跟任何形式的英雄主義沒有多大關係，而更是「平凡」得多的日常實踐的結果，人們通過這些實踐來建立和強化社會關係並進而建立和強化社會資本，不過「平凡」這一標籤低估了行使這些微妙行為所需的技能和精度，因為它們都是一絲不苟地精心架構的。確實，在我們中間那些無法複製這類行為的人看來，它們似乎更像是魔術師秘而不宣的技巧——看似簡單，卻無法解釋。因此，建立起組織運行所需的網絡的人，正是那些勤勉的領導者，他們會隔三岔五地關懷追隨者家人的健康狀況，會始終強調追隨者要跟上組織的發展方向和他們的工作進度，等等。

於是，你在自己的簡歷中打鈎標記出來多少種領導能力，並不能證明你是個成功的領導者，因為這些必然都是脫離情境脈絡的。打個比方，如果在你要施展領導才能的地方不需要任何公開演講職能，那麼你有再高超的公開演講水平，又有什麼用呢？如此說來，從本質上說，勝任素質往往與個體有關——而領導才能必然是一種關係現象：沒有追隨者，就沒有領導者，不管你擁有多少「個人」勝任素質。相反，不妨考察一下領導才能「實踐」的重要性——不是領導者「擁有」什麼，而是他們「做了」什麼。然而領導者是否也會參與那些不被視為領導才能的活動呢？下一章我們就來探討這個問題。

第二章
領導才能不是什麼？

　　正如第一章中所指出的，我們對領導才能的定義很可能迥然不同，那麼又該如何區分領導與管理？本章提出了一個區分的方法。領導才能研究領域的大量著述都建立在這樣一個分類方法上，即以權限也就是合法權力的不同形式來區分領導與管理，認為領導往往涉及的時間較長，代表更為戰略性的視角，並要求解決新問題。換句話說，其區分在一定程度上根源於情境：管理相當於似曾相識(以前見過)，而領導相當於初次邂逅(從未遇見)。如果可以這樣區分，那麼管理者就必須啟動必要的程序 —— 標準作業程序 —— 來解決上一次出現過並已有經驗解決的問題。相反，領導者就必須促成相關各方為前所未見或難以對付的問題制定一個創新的應對方式。

　　既然管理和領導是兩種不同的授權方式，根源於確定性和不確定性之間的差異，那麼也可以把它們與里特爾和韋伯[1]關於前者是一位設計理論家和大學教

1　指霍斯特·里特爾(1930–1990)和梅爾文·韋伯(1920–2006)。

授，因發明了「抗解問題」一詞而聞名。後者是一位城市設計師和理論家，1973年與里特爾合撰了關於「抗解問題」的學術論文。所謂「抗解問題」，即不存在直接運用科學理性得出的現成解決方案的問題。「易解」和「抗解」問題的分類法聯繫起來。易解問題可能很複雜，但它們可以通過單線行為得以解決，且有可能曾經出現過。換句話說，其不確定性的程度有限，因此與管理有關。易解問題有點像謎語——每個謎語都必有答案。因此，(科學)管理者的職責，就是提出適當的過程來解決問題。具體實例包括制定鐵路時刻表、建立核電站、軍訓或計劃心臟手術等。

抗解問題不但難以理解，而且紛繁蕪雜，也就是說，我們無法將其從環境中剝離、單獨解決之後再還原複位，而對環境沒有任何影響。此外，不存在明確的因果關係。這類問題往往非常棘手。例如，如果試圖基於科學方法(也就是說，假設它是個易解問題)建立國家醫療服務體系(NHS)，就可能會提議僅根據每個人的醫療需求為其提供所需的一切服務和藥品。然而隨着人口老齡化加深、干預和維持生命的醫學手段越來越強大、為這些干預供資的財政資源越來越緊缺，我們可能會面臨需求無限增加而經濟資源水平有限的境況，所以對NHS這個問題，就不可能有一個科學或醫學的，也就是易解的解決方案。簡言之，我們無法滿足每個人的一切需求，在某些時刻，我們需要

就誰獲得什麼及基於何種標準來做出政治上的決策。這一固有的爭議領域是抗解問題的典型特徵。如果把NHS當成NIS（國家疾病服務體系）來考慮，我們對問題的理解就會截然不同，因為它基本上是一連串易解問題：治療腿部骨折相當於一個易解問題——有科學的解決方案，醫院裏也有醫療專業人士來提供治療。但是如果你跑到（不好意思，一瘸一拐地跛行到）飯館裏去治療斷腿，它就變成了一個抗解問題，因為那裏不大可能有人會擁有必要的知識或資源。因此問題的分類是主觀的而不是客觀的——我們面臨的是哪一種問題取決於我們所處的位置，擁有什麼樣的知識。

更有甚者，NHS處理的許多問題——肥胖症、藥物濫用、暴力等——都不僅僅是醫療衛生問題，它們往往是非常複雜的社會問題，涉及不同的政府部門和機構，因此試圖通過建立單一的機構框架來解決它們幾乎註定無果。的確，由於抗解問題往往沒有「結束點」，也就是問題最終得到解決的那個點（比方說，因為我們解決了犯罪問題，從此就沒有犯罪了），我們往往不得不承認，我們根本無法解決抗解問題。關於領導才能，我們的傳統理解恰恰相反——解決問題、果斷行動且應付自如的能力。但我們不可能知道如何解決抗解問題，那麼正因為我們無法知道該如何應付，果斷行動就得非常審慎才行。如果我們知道該如何應付，它就是一個易解問題而不是抗解問題了。然而外

界要求果斷行動的壓力往往會導致我們試圖按照處理易解問題的方式來解決問題。當全球變暖首次作為問題出現時，有些應對方式就集中關注通過科學來解決（這是一個易解反應），表現為發展生物燃料；但我們現在知道，第一代生物燃料似乎破壞了世界上很多重要的食物資源，因此貌似解決方案的應對實際上卻變成了一個新問題。同樣，這也是我們在試圖解決抗解問題時經常碰到的 —— 會出現其他問題，讓原始問題變得更加複雜難解。於是我們可能使情況有所改善或更加惡化 —— 我們可以開車開得慢一些、少一些或者開得快一些、多一些 —— 但可能無法解決全球變暖問題，我們或許不得不學會生活在一個不同於以往的世界，隨遇而安、盡力而為。換句話說，我們無法從頭再來，設計一個完美的未來 —— 雖然很多政治或宗教極端主義者或許希望如此。

這裏的「我們」一詞非常重要，因為它表明在應對抗解問題時，集體的重要作用。易解問題或許會有個別的解決方案，也就是說個體可能知道該如何應付。但既然抗解問題的定義就包括領導者一方無法提供答案，那麼理所當然，個體領導者只能提出適當的疑問，讓集體參與到應對問題的嘗試中來。換句話說，抗解問題需要將權限從個體轉移到集體，因為只有集體參與，才有希望應對問題。抗解問題所涉的不確定性表明領導才能並非科學而是一門藝術，正如我

所定義的那樣——是動員整個社會共同應對複雜的集體問題的藝術。

抗解問題的實例包括制定交通戰略、應對全球變暖、直面反社會行為或建立國家醫療服務體系。抗解問題不一定源於比易解問題更長期的時間框架，因為如果遲遲不做決策，某個看似易解的議題可能會變成（臨時性的）抗解問題。比方說，肯尼迪總統在古巴導彈危機中的行動，往往是基於向他的文職助理提一些需要時間考慮的疑問——雖然他的軍事顧問總是施壓，要求立即得到解答。如果肯尼迪接受了美國鷹派的建議，我們可能會看到這一抗解／易解二分法之外的第三類問題——「重大」問題，在這個例子中，很可能是一場核戰爭。

重大問題，也就是危機，其性質不言自明，由於決策和行動的時間大大壓縮，往往會引發獨裁。這裏，至少就指揮官的行為而言，需要做些什麼根本沒有任何不確定性，因為指揮官的職責就是採取必要的決定性行動，也就是為問題提供答案，而不是啟動有可能延遲決策的標準作業程序（管理），或提出疑問並尋求集體的協助（領導）。

我認為，在遇到此類轉化為重大問題的危機時，我們的確需要神一樣的決策者果斷決絕地提供危機解決方案。既然我們總是獎賞那些善於應對危機的人（而忽視那些因為善於管理而很少出現危機的人），指揮官

們很快就學會了如何找出(或者把局勢重新設計為)危機。當然,指揮官私下裏對於當前行動是否恰當,或者將局勢解讀為危機有無說服力可能並沒有把握,但這種沒有把握的一面很可能是追隨者不容易看到的。具體實例包括發生重大火車相撞事故、核電站輻射泄漏、軍事攻擊、心臟病發作、工人罷工、失業或失去親人,抑或類似「9・11」事件或倫敦「7・7」爆炸案等恐怖襲擊之後的即時反應。

這三種權限 —— 指揮、管理和領導 —— 又以另一種方式表明,那些負責決策之人的作用分別是找到適當的解決方案、過程以及提出疑問來應對問題。我本意並非另外提出一個分類法,而是想提供一個啟發性工具,幫助我們理解為什麼負責決策之人的行動有時在其他人看起來根本無法理解。因此,我並不是說正確的決策過程取決於對局勢做出正確的分析 —— 那可能會產生一種決定論觀念 —— 而是說,決策者往往會基於一個有說服力的局勢分析來證明其行動的合理性。簡言之,問題的社會建構會證明動用某種特定的授權方式是否合理。

來看始於2008年的經濟衰退期間公共財政狀況的例子。很多國家都陷入了是否應該削減公共開支以及應該(最低限度地)保留哪些公共開支的爭論中。的確如此,各路政客似乎都汲汲皇皇地想要奪過指揮官的佩劍,讓浪費公眾財政稅收的公共部門揮霍者們吃點

苦頭。但這樣做是本末倒置——問題的根源是揮霍的投資銀行家，而不是節儉的公共部門僱員！此外，情況往往是，當獲得授權的同一個人或群體對同一問題的認知或認定分別是重大問題、易解問題或抗解問題時，甚或同一問題本身在這三個類別之間跨界轉變時，該個人或群體也會在命令、管理和領導這三個角色之間轉換。的確，這一轉換——往往被決策者的對手視為「前後矛盾」——至關重要，因為形勢總是在變化，或者至少我們對形勢的認知不會一成不變。要對問題進行有說服力的描述，部分取決於決策者能否獲得特定形式的權力及其對某種權力的偏好，「領導」的諷刺意味恰在於此：它是所有做法中最難的，也是許多決策者試圖不惜一切代價盡量避免的。

　　「權力」的概念表明，我們需要考慮對待權力的不同態度以及不同形式的權力如何與這一權限分類法相契合。考慮到當前的目的，最有用的是埃齊奧尼的服從分類法，分為強制性、算計性和規範性服從。強制性權力或武力與監獄或軍隊等「全控」機構有關；算計性服從與公司等「理性」機構有關；而規範性服從與基於共同價值觀的機構或組織有關，例如俱樂部和行業協會等。這一服從分類法與上述問題分類法完美契合：重大問題往往需要強制性服從；易解問題需要算計性服從；而抗解問題需要規範性服從——你無法強迫他人跟你一起應對抗解問題，因為問題的性質

本身就要求追隨者必須從主觀上願意提供幫助。

這一分類法可以用縱軸和橫軸的關係圖來表示，如圖2所示，縱軸表示對問題的解決方案——當權之人的行為——越來越沒有把握，橫軸表示解決問題所需的合作越來越多。這或許在許多人看來是不言自明的，但如果是這樣的話，我們為什麼始終無法引發這樣的變化呢？要回答這個問題，我想先來談談文化理論，考察一些所謂的「簡潔方案」。

文化與對簡潔的癡迷

瑪麗·道格拉斯[2]指出，我們大致可以基於兩個不同的標準來瞭解大多數文化：網格和群體。「網格」涉及某種文化中角色和規則的重要性——有些非常僵化，例如某個政府官僚體系，而有些則非常鬆散或開明，例如某個非正式的俱樂部。「群體」涉及群體在某個文化中的重要性——有些文化完全是圍繞群體展開的，例如足球隊，有些則更具個人傾向，如企業家聚會。如果把這些要點放在一個二乘二的矩陣中，就得到了圖3。

當某種文化既是「高網格」又是「高群體」，我們往往會看到僵化的等級制度，例如在軍隊中，跟群

---

2 瑪麗·道格拉斯(1921–2007)，英國人類學家，研究領域是社會人類學，對宗教比較研究有着強烈興趣。

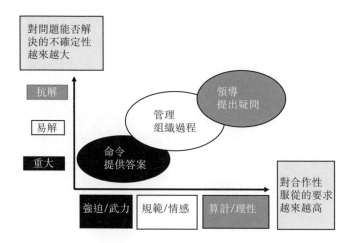

圖2　問題、權力和授權的分類

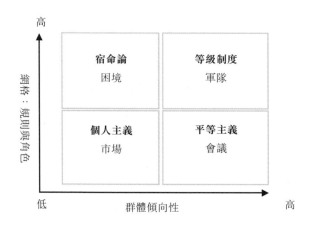

圖3　組織社會生活的四種基本方式

體相比，個體無關緊要。當某種文化有着「高群體」傾向而缺乏對規則和角色的關注，也就是「低網格」時，就能看到平等主義文化，範例是那些認為集體會議莊嚴神聖、尋求共識至為關鍵的組織。當「網格」較低，對「群體」也同樣漠不關心時，我們往往會看到個人主義文化——這是創業企業家、理性選擇以及熱愛市場的政客們的樂土，對他們來說，任何集體或規則概念都是對效率和自由的毫無必要的約束。最後一類是宿命論者，其群體層面缺失，身處孤島的個體認為自己受到了規則和角色力量的破壞。

如上定義，這些文化往往都能自圓其說，且在哲學意義上也條理連貫。換句話說，等級主義者通過等級主義的透鏡看待世界，因而將問題理解為沒有足夠的規則，或者是群體或社會缺乏規則執行力度的表現。相反，面對同樣的問題，平等主義者認為它與集體社會的軟弱有關——它與規則沒有多大關係，而更在於社會應該更加緊密地團結起來解決問題。個人主義者可不信這一套；問題(在他們看來)顯然與個人有關——個人應該對自己的境遇負起更大的責任。而宿命論者則徹底放棄了，因為規則永遠與他們作對，也沒有群體能夠幫助他們擺脫困境。

於是問題就變成了這些內在邏輯連貫的或簡潔的理解世界的模式在解決重大問題或易解問題時都很有用，因為我們知道如何解決，以前的做法也都奏

效。個人主義者可以解決減少汽車的一氧化碳排放問題——這是個易解問題，有科學的解決方案；但他們無法解決全球變暖這個抗解問題。平等主義者可以幫助刑滿釋放犯回歸社會——這是個易解問題；但他們無法消除犯罪——這是個抗解問題。等級主義者可以改善針對社會公務人員欺詐行為的規則執行力度——這是個易解問題；但他們無法解決貧困這個抗解問題。確實如此，抗解問題本身無法運用簡潔的方式解決，恰恰是因為這些問題本來就不屬某種單一的文化和機構，而是跨越了好幾種文化和機構。但因為我們囿於自身的文化偏好，對其癡迷不已，很難邁出自己的世界，以不同的視角來看待事物。誠如普魯斯特所言：「真正的發現之旅不在於尋找新的風景，而在於擁有新的眼光。」

為何簡潔方法無法解決抗解問題，而笨拙方案卻可以

如果說單一模式(簡潔)方案向來只能應對易解問題或重大問題，我們就需要考慮如何在所謂的笨拙解決方案中全部採納三種應對方法。事實上，我們需要避開建築師面對問題時的簡潔做法——拿出一張白紙，設計全新的完美建築——而採納小修補匠，也就是自己動手的業餘工匠的做法。用哲學家伊曼努爾·康德更直白的說法，我們一開始就需要認識到，「人

性這根曲木，絕然造不出任何筆直的東西」。下面用全球變暖的例子來加以闡釋。

圖4總結了這個議題。等級主義者認為，問題的原因是缺乏足夠的規則和執行力度 —— 有必要制定類似《京都議定書》但更加有效的規則。然而平等主義者或許會辯稱，需要改變和執行的並非規則，而是我們全體人類對地球的態度 —— 我們必須找到更可持續的生活方式，而不僅僅是更嚴格地遵守規則。而在個人主義者看來，上述兩個選項都未能正確理解問題，因而真正的解決方案是創造自由，鼓勵企業家進行技術革新，拯救全人類。在宿命論者看來，一切當然毫無希望 —— 我們註定要毀滅。這裏的問題在於，上述簡潔方案中沒有一個真正產生了足夠的多樣性，用於應對這個複雜的問題。規則或許能促使人們安全駕駛，但靠它來拯救地球很可能於事無補。我們也無法乾脆放棄資源集中的城市，大家都去鄉間過自給自足的生活。同樣，雖然技術革新很有必要，市場壓力也不無助益，但仍然無法依靠這些來徹底解決問題。的確，全球變暖或許根本就無法解決，也就是說我們無法從頭再來，恢復那個未經污染的世界，又因為尋找「解決方案」的不同切入點難免會危及不同的利益，我們只能寄希望於通過政治談判達成協議，盡可能將損害限定在可控範圍內。那就需要一種非線性的甚至「扭曲的」應對之策，縫合出一個談不上簡潔甚至還很笨

圖4　應對全球變暖的簡潔(單一模式)方案

拙的解決方案，將上述三種理解方式結合在一起，並適當採納宿命論者的消極反應，順從不斷變化的公眾意見和行動。如圖5所示，我們事實上需要通過創造出一個「笨拙的解決空間」，利用全部三種框架，才能有所進展。

那麼，笨拙的解決方案到底應該是什麼樣子的呢？圖6表明，一個必然笨拙的解決方案有一個必不可少的元素，就是把三種文化類型的元素結合起來，即個人主義者、平等主義者和等級主義者。在這三種類型的每一種內部都有一些技巧，一旦結合，或許能夠為抗解問題撬開一個足夠大的縫隙，實現些許進步。以下先逐一探討這些類型，在此過程中我們需要認識到，每個抗解問題都可能與眾不同，要有針對性地對技巧和議題加以組合，才有可能成功。換句話說，這不是個保證解決問題的「按圖索驥」的做法，而是一種實驗藝術形式，可能行之有效，也可能無濟於事。

等級主義者

等1：疑問而非答案

這裏的第一步，是等級主義者要認識到，領導者的角色必須從提供答案轉變為提出疑問。這樣一來，領導者就應該發起一個完全不同的敘述框架，讓集體做好共同承擔責任的準備。的確，之所以要在等級主

個人主義者
利用各個層面的技術創新來應對全球變暖，以及……

等級主義者
在全球執行力度更強的碳排放規章，以及……

笨拙的
解決空間

平等主義者
改變消費方式，改善可持續性、以及……

圖5　應對全球變暖這一抗解問題的笨拙解決方案

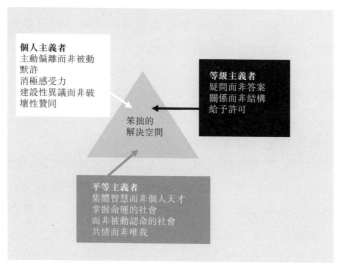

個人主義者
主動偏離而非被動
默許
消極感受力
建設性異議而非破壞性贊同

等級主義者
疑問而非答案
關係而非結構
給予許可

笨拙的
解決空間

平等主義者
集體智慧而非個人天才
掌握命運的社會
而非被動認命的社會
共情而非唯我

圖6　應對抗解問題的笨拙方法

義者陣營內部這麼做，恰恰是因為只有等級制度的領導者才有權限逆轉自己的角色，從貢獻答案的人變成提出疑問的人。從專家轉為調查者，與這一視角轉變相關的要求對等級主義者最合適不過了：關係而非結構。

等2：關係而非結構

傳統上，變革的模式暗示着，如果採取了某種模式卻仍然失敗了，一定是因為領導者未能以正確的順序拉動適當的槓桿。但這一機器隱喻恰恰是領導者如此難以改變現狀的原因——因為權力不是可以據為己有的東西，因而沒有槓桿可以拉動。權力是一種關係，變革取決於領導者與追隨者之間的關係：事實上，真正開啟或結束變革戰略的是追隨者而不單是領導者，因為組織是體系而非機器。

等3：給予許可

正式領導者的傳統權限一直都大大抑制了追隨者的行動自由：除非老闆親口告訴你現在要集思廣益，歡迎就工作議題提出不同意見，並繼而讓你親眼看到他沒有約束那些提出建設性異議之人，否則就不大可能會有多少辯論，下屬們會任由組織潰敗，因為他們沒有獲得拯救老闆的許可。這就是為什麼在笨拙方法中，等級主義者不可或缺，因為他們必須授權對規則加以改變。

個人主義者

個1：主動偏離而非被動默許

個人主義者往往是那些偏離規則的人，這一行為可能至關重要。舉例來說，1990年，傑里和莫妮克·斯捷爾寧[3]前往越南參加救助兒童會的慈善活動。讓斯捷爾寧夫婦覺得奇怪的是，在普遍營養不良的情況下，為什麼有些孩子營養良好？關於營養不良，主流越南文化形成了相當主流的傳統智慧——它是衛生條件差、食品分配不到位、貧困和飲水資源短缺共同作用的結果。另一方面，有些孩子——並非社會階層最高的人家的孩子——營養良好，是因為他們的母親——主動偏離者——無視傳統文化；傳統文化認為母親應該：

- 避免被認為低級/常見的食物——例如田蝦和螃蟹；
- 不要給患有腹瀉的孩子餵食；
- 讓孩子們自己吃飯，或者餵飯次數不超過每天兩次。

相反，這些母親：

---

3 指傑里·斯捷爾寧(？–2008)和莫妮克·斯捷爾寧夫婦。兩人均為美國社會發展學者，合著有《主動偏離的力量》(2010)一書。

- 使用低級/常見的食物 —— 它們很有營養；
- 給患有腹瀉的孩子餵食 —— 這對他們身體恢復健康至關重要；
- 一天中主動給孩子多次餵食(自己吃飯的孩子會把食物掉在地上，這樣食物就髒了，而且孩子的胃每次只能接受一定量的食物，所以即便每天餵兩次也是不夠的)。

簡言之，組織內的問題常常是自發產生的，但一般也都有解決方案，只不過我們通常不去尋找它們罷了。

個2：消極感受力

等級主義者往往無法接受模棱兩可，個人主義者卻甘之如飴。詩人濟慈所謂的「消極感受力」是指能夠忍受不確定性，而抗解問題註定是不確定和模棱兩可的，因此真正的技能並非消除不確定性，而是設法在充滿不確定性的情況下仍高效運作。簡言之，消極感受力能夠為人們騰挪出時間和空間來思考當前議題，而並非不得不滿足其他人的日程或必須果斷決絕 —— 卻鑄成大錯。斯坦曾對「阿波羅13號」[4]太空

4　阿波羅計劃中第三次載人登月任務中的飛船。1970年4月11日升空，其後兩天，服務艙的氧氣罐爆炸，太空船嚴重損毀，失去大量氧氣和電力；三位太空人使用航天器的登月艙作為救生艇。導航與控制系統沒有損壞，但是為了節省電力，在返回地球大氣層之前都被關閉。三位太空人在太空中面臨維生系統損壞所導致的重重危機，所幸最終仍成功返回地球。

任務和三里島核事故[5]中的決策進行過比較，能夠很好地說明問題，即在某些充滿壓力的情況下，經驗的助益必不可少。因此發生在阿波羅13號和三里島的「重大轉折事件」——當「世界看似不再是一個理性有序的系統」時——就促使負責決策的人做出了全然不同的反應。阿波羅13號的「重大轉折事件」爆炸使宇航員面臨食物短缺、氧氣不足、體力不支、飲用水不夠和生還希望渺茫的境況。但地勤人員沒有順從直接蹦出結論的天然傾向，而是對問題進行了緩慢而仔細的分析，通過製作一個臨時的二氧化碳滌氣器（這是典型的小修補匠的做法），使得阿波羅13號安全返回地球。相反，在1979年的三里島核災難中，「重大轉折事件」的發生使他們立即採取行動，不經意地造成了局勢進一步惡化。實際上，決策者的確果斷，卻做出了錯誤的決策，讓情況變得更糟的是，後來所有表明問題尚未解決的證據都遭到了他們的否認。因此，在這類情形下，能夠容忍焦慮並確保它既不會升級（導致絕望）也不會被否認（導致不作為），能夠產生不同的意義建構行動。

5　三里島核事故是1979年3月28日發生在美國賓夕法尼亞州薩斯奎哈納河三里島核電廠的一次部分堆芯熔毀事故。該事件被歸為國際核事件分級第5級，也是美國核電歷史上最嚴重的一次事故。

個3：建設性異議而非破壞性贊同

　　最後，個人主義者善於抵禦等級主義者和平等主義者發出的服從誘惑，無論是服從規則還是服從眾意。自米爾格拉姆和津巴多[6] 1960年代著名的服從實驗以來，我們知道，大多數人在大多數時候都會服從權威，即便那會導致無辜的第三方受苦——只要追隨者接受其理論依據、能夠免責，而且他們只是逐漸地、一點一點地施加痛苦(「造成損害」)。換句話說，面對抗解問題時，領導者的難題不是確保有人贊同而是確保有人提出異議。對獨裁者來說，獲得贊同相對比較容易，但它無法應對抗解問題，因為這類贊同往往是破壞性的，而破壞性贊同恰與不負責任的追隨相伴，將導致全然無用的框架，根本無益於應對抗解問題。我們事實上需要的是建設性的反對者，他們願意告訴老板，後者的決策是錯誤的(舉例來說，就像在第二次世界大戰中，艾倫・布魯克陸軍元帥頻頻對丘吉爾提出批評)。那麼平等主義者又如何——需要他們貢獻些什麼呢？

6　指美國社會心理學家斯坦利・米爾格拉姆(1933–1984)和心理學家菲利普・津巴多(1933–)。這裏的實驗就是所謂的「米爾格拉姆實驗」，又稱「權力服從研究」，旨在測試受測者在面對權威人士下達的命令，要求其做出違背良心的行為時，人性所能發揮的拒絕的力量到底有多大。

平等主義者

平1：集體智慧而非個人天才

　　一般來說，我們會把成敗都歸於個別領導者。事實上，成功或失敗越重大，我們越有可能這麼做，即便我們通常並沒有什麼證據表明事件的發展與個體有關。然而當我們真正考察成敗的原因時，會發現它往往是社會行動而非個體行動的結果。例如，英國零售企業家阿奇‧諾曼曾在1991年把Asda公司從破產邊緣挽救回來，在1999年以67億英鎊的價格把它賣給了Wal-Mart公司。但在這一重大成功背後，並非某個天才的個人努力，而是一個才能出眾的團隊共同作戰，包括董事會級別的Justin King(後來就任Sainsbury公司CEO)、理查德‧貝克(後來就任Boots公司CEO)、安迪‧霍恩比(後來擔任哈利法克斯蘇格蘭銀行HBO CEO，繼而又入主博姿公司)，以及艾倫‧萊頓(後來出任皇家郵政的董事長)。簡言之，Asda的成功是集體智慧而非個人天才的結果。這一視角對抗解問題尤其重要，因為它們要求集體反應，這是系統而非個人的典型特徵──必須由大家共同承擔責任，而不是錯誤地讓領導者一力擔當。

平2：掌握命運的社會而非被動認命的社會

　　英國蘭萊斯特郡布朗斯通的當地社區領導者安‧

格洛弗因為把自己所在的被動認命的社區轉變為「掌握命運的社區」而受到讚譽，她動員鄰里團結起來對抗一夥從事反社會行為、用恐怖控制為害一方的年輕人。恐怖蔓延曾一度讓社區失去活力，把它變成了由孤立個體組成的一盤散沙——被動認命的社區——每個人都在抱怨流氓青年的問題，但都無能為力。當格洛弗說服一大群人團結起來走出家門去面對那夥流氓時，流氓組織就離開了，其成員也最終被清除出鄉里。這一實例自然證明我們應該勇敢行動，並願意承擔面對困難的風險，但還不止這些；它說明我們要認識到，必須積聚社會資本來培養一種集體歸屬感，才能建立一個掌握命運的社區。

平3：共情而非唯我

最後一個平等主義技巧是能夠站在他人的立場上，建立共情，從而理解他人，這是應對抗解問題的前提之一，但如何獲得這一技巧呢？瓊斯的答案是成為你所在組織中的人類學家，投入一些時間和精力去站在自己追隨者的立場上，體驗一下那些你希望投身於集體事業之人的生活，因為如果你無法理解他們看待問題的視角，又如何能夠動員他們呢？這與我們通常獲得組織運作知識的方法截然不同，因為我們知道，人們在小組訪談或問卷調查中所說的話並不能反映他們真實的世界觀。許多CEO和公司領導者已經開

始採用定期前往生產第一線工作一段時間的做法，但很多人還沒有，於是當等級制度底層對問題的反應與小組訪談或最新員工調查問卷的預測不一致時，會讓他們措手不及。

結　論

很多當代議題之複雜，似乎都能夠證明這一從易解問題和簡潔方案轉變為笨拙方案的做法更適合應對抗解問題。但事實上有很多議題都是易解而非抗解問題，確切地說大多數議題都是如此，只需要人們恪守本分即可，不需要老闆伸長手臂，事事親力親為。真正的危險在於，我們已經變成了自己文化偏好的囚徒——等級主義者對發號施令上癮，平等主義者沉迷於合作型領導，個人主義者堅持把一切問題都當作易解問題來處理。

我們本該在自己的方法被證明無效時培養一種笨拙的做法，結果卻一味地尋求簡潔方案。這或許也能解釋為何變革如此舉步維艱——因為，比方說，當公共部門組織與合作夥伴共同應對酗酒或反社會行為等抗解問題時，合作夥伴們無法（或拒絕）授權彼此來牽頭行動。同樣，當各個國家試圖解決類似全球變暖這樣的全球性問題時，同一種平等主義抑制力量也往往會妨礙進步。要重新思考我們的做法，一種方法是認

識到等級主義者也可以發揮作用：合作型領導也需要有人來牽頭。正如人們在加利福尼亞州看到的，如果需要絕大多數投票表決增加公共開支，而只需要三分之二多數的立法者表決增加稅收(或制定預算)時，有時你會發現平等主義者太多、太礙事了。但自古以來一直如此嗎？領導者曾經的領導方式是否全然不同？下一章就來回答這些問題。

第三章
領導才能曾經是什麼？

　　為何要為起源大傷腦筋？更何況，起源當從哪裏算起？首先應當指出，對研究領導才能的學者而言，「起源」乃是有記載的歷史之初，而非智人之始。自有記載以來，任何具備相當規模和存續時間的組織和社團都曾有過某種形式的領導，該領導往往表現為一個人，但並非歷來如此 —— 通常是男人，卻並不永遠這般。這未必是説領導一貫並將始終至關重要或不可或缺，當然更不表明其雄性特質，但它卻暗含着我們一直都有領導者這一事實。那麼，我們當如何證明領導的確不可或缺，或者領導形式和風格是否隨時空發生了變化呢？

　　在很大程度上，我們關於古代領導才能的知識主要依賴於書面文獻的存在，這就引出了領導才能的第一課：一般而言，歷史都是由勝者書寫的，這既包括獲勝的軍事領導者，也包括掌權的政治團體。在前一類別中，不妨想想為什麼我們對亞歷山大大帝或尤利烏斯・凱撒的勝利倒背如流，卻對斯巴達克斯知之甚少，對整個古代不斷撼動奴隸社會根基的成百上千次

奴隸暴動更是幾近無知。答案一目了然，那就是亞歷山大和尤利烏斯‧凱撒要麼自己書寫歷史，要麼吩咐專業人士為其撰寫歷史，而斯巴達克斯沒有留下任何書面記錄，在奴隸主的記錄中，提到其他奴隸領袖之處更是寥寥無幾。因此需要預先警告諸位，在閱讀任何古典時期領導才能的記錄——當然，當代領導才能的記錄也是一樣——時，需要對資料來源保持警醒。那些記錄並非事實信息的中立記載；相反，它們是為實現某一特定目的而進行的偏頗記錄。

在某種程度上，某個故事是否被記載下來，首先取決於該敘事是否包含被認為意義重大的內容。也就是說，我們傾向於只記錄那些在一定程度上不同尋常或非凡罕見的事件。如此一來，就沒有多少專著討論兩千年前的中國人如何經營一塊小小的農場，也沒有多少資料幫助人們瞭解同一歷史時期，高盧的凱爾特部落在相對和平時期的領導風格。但我們有那個時期凱爾特人與羅馬人作戰的記錄，也不乏同一歷史時期中國戰爭首領的記載。然而，關於高盧人與羅馬人之間戰爭的文本是羅馬人的文本：首先因為凱爾特人基本上是沒有文字的社會，主要還是口頭文化，其次則是因為，大體說來，羅馬人取得了勝利。同樣，能夠經過漫長的歷史時期保留下來的東西往往是實體的文本和人工製品，而不是口頭敘述，因此我們關於非文字社會領導才能的瞭解往往是根據其他人的記錄重建

的，而那些記錄往往是貶抑的。從我們根據考古記錄對有文字以前的古代文明的瞭解來看，由博愛的領袖領導、與鄰近部落和平共存的時期實在是鳳毛麟角。

這樣看來，戰爭顯然是領導實踐早期發展的一個關鍵部分。從如今中東地區的阿卡德的薩爾貢[1]（約公元前2334–前2279）到埃及大帝拉美西斯二世[2]，從公元前3000年左右的克里特島文明到同一時期印度河流域的哈拉帕文明，再到中國黃河流域那些築有城牆的聚居地，我們知道，軍事領導在人們追求生存和統治的過程中發揮了舉足輕重的作用。同樣，這也不是聲稱領導才能起源於戰爭，或者軍事領導是古代時期領導才能的最重要元素 —— 我們對這些時期的瞭解遠遠不夠，無法對此證實或證偽。但的確如此，有些最重要的古典時期領導才能文本要麼與作戰有關，也就是普魯士軍事理論家卡爾·馮·克勞塞維茨所謂的「以其他方法延續政策」，要麼事關政策本身。古典時期和文藝復興時期尤其如此，下面要先考察這兩個時期，隨後再轉向近現代文獻。

1　阿卡德帝國的創建者。在阿卡德語裏，「薩爾貢」意為「正統的國王」或「合法的國王」，他是阿卡德人，因為在公元前23世紀到公元前22世紀間征服蘇美爾城邦而聞名。

2　埃及大帝拉美西斯二世（約公元前1303–前1213），古埃及第十九王朝法老，其執政時期是埃及新王國最後的強盛年代。他是法老塞提一世之子，在位期間進行了一系列遠征，恢復了埃及對巴勒斯坦的統治。

古典時期領導才能研究

在歐洲以外，考底利耶[3]於公元前321年前後為如今印度境內的孔雀王朝撰寫的《政事論》，列舉了一系列供領導者考慮的實用建議。然而要說第一個不但在自己的時空範圍——古代中國——聲名赫奕，至今仍然不斷吸引商業執行官們從中汲取營養的指導性文本，當屬孫武(公元前400？-前320)[4]的《孫子兵法》。事實上，關於《孫子兵法》中那些格言警句的真正作者是誰，世人並無把握，其中很多有可能是由孫武的門徒和學生撰寫的，該文本以對話的形式呈現——在「孫子」的鼓勵下，好幾個人物共同參與討論——也支持了這一猜想。然而該文本關於領導才能的主旨非常明確：「三軍之眾，百萬之師，張設輕重，在於一人，是謂氣機。」(《軍爭》20)[5]確立了這一主旨之後，《孫子兵法》便以對話形式，為軍事將領簡明扼要地列舉了最重要的戰略戰術元素。

3　考底利耶，公元前4世紀的古印度政治家、哲學家。係婆羅門種姓，曾協助旃陀羅笈多一世(約公元前320-前298在位)獲得權力，建立孔雀王朝。他本是古代塔克西拉大學的一位老師，擅長權謀，所著的《政事論》為古印度重要的政治文獻，後人稱之為「印度的馬基雅維里」。

4　此生卒年可能有誤，一般認為孫武的生卒年為約公元前545-前470。——編注

5　本書作者引用的這一句事實上出自今天的《吳子兵法‧論將第四》，疑似作者引用的是塞繆爾‧格里菲斯(1906-1983)翻譯的版本(*The Art of War*, Oxford University Press, 1963)，其中保留了歷代戰略家對《孫子兵法》的註釋和添加。

在西方人看來諷刺卻符合其源於道家的極簡主義精華的是,《孫子兵法》中最為重要的啟示之一居然是軍事將領只有在不得已之時才應開戰,因為「是故百戰百勝,非善之善者也;不戰而屈人之兵,善之善者也」(《謀攻篇》)。這樣看來,孫武認為要取得勝利,就必須講究戰略,因為兵法就是如何避免不必要的衝突的藝術。

「闕」是這一哲學的必然結果:如果不得不作戰,就需要盡全力避免正面衝突,因為那會佔用大量資源並造成大量傷亡,且要比打亂敵軍的作戰計劃或破壞其軍需危險得多。如果必須與敵軍正面衝突,且沒有把握一舉擊潰對方,那麼就應該「遺闕」,給敵人留下一條退路,否則敵人就不得不死戰到底,而那樣一來最終的結局如何,就很難說了。

另一個看似矛盾的建議是不給自己留退路:換句話說,全力以赴,背水一戰。孫武說:「帥與之期,如登高而去其梯。」這看似與遺闕規則相反,但退路是留給敵人,而不是同盟或追隨者的,因為如果同伴們都覺得受到威脅又看到了一條方便的退路,很有可能選擇全身而退。然而如果沒有退路,也就是到了孫武所謂的「死地」,他們就不得不全力為生存而戰,正是追隨者為領導者拼盡全力的這一點,體現了孫武著作中的道家思想。如他在《九地篇》中所說:「投之無所往,死且不北,死焉不得,士人盡力。」

孫武還固執地認為，軍中事務應該留給軍事專家處理，掌握政權者不該插手。「白大人而救火也，未及返命而煨燼久矣。」（《謀攻篇》）[6]或者如《九變篇》中指出的，「君命有所不受⋯⋯苟便於事，不拘於君命也」。[7]

大約與孫武在中國向軍事將領傳授兵法同時，柏拉圖(公元前427/428–前347)警告希臘人，民主產生的政治領導與其説代表希臘文化的繁榮，倒不如説對希臘文明構成了直接的威脅。在柏拉圖看來，遴選領導者的選舉制度根本未能形成嚴肅討論的論壇，而是產生了一個馬戲團，因為它鼓勵領導者們去迎合暴民——「危險的大型動物」——的最低級的本能，「暴民」大量出現在柏拉圖這一領域的很多著述中。柏拉圖在《理想國》中指出，暴民會願意選出給自己承諾最多的隨便什麼人，哪怕這會讓他們所處的社會(他比作一條船)面臨險境。因此，民主無法確保船隻在最適合當船長(柏拉圖所謂的「哲君」之一)的那個人領導下順利航行，反而確保了大眾煽動家大獲全勝——這必然會把船隻直接引向毀滅的礁石。

6　本書作者這裏引用的不是《孫子兵法》中的《謀攻篇》，而是北宋武學博士何去非所言，出處不詳。此外，作者在上文和這裏對「謀攻篇」的翻譯也不統一，上文是「Planning a Siege」，這裏用的是「Offensive Strategy」。

7　這裏前半句的確節選自《九變篇》，但後半句引自曹操對《孫子兵法》的注釋。

但如何識別最適合領導之人呢？在柏拉圖看來，不言而喻，只需考察一下人們的專長便可識別出他們的技能：我們不會請園藝師為我們造船，也不會請農民來管理經濟。然而讓柏拉圖深感失望的是，一旦涉及「道德」知識，暴民們便個個自稱專家，因而也就沒有專家了。正是出於這個原因，柏拉圖堅決反對詭辯家和教授修辭學或公共演講的伊索克拉底[8]，因為這只會鼓勵人們更看重形式而非內容。柏拉圖最為害怕的是，即便本打算以道德的方式領導、為社會謀福利的人，也會受到該制度的腐蝕，因為領導者對於社會的良好運作至關重要，而腐敗的領導者必然會毀滅「他」自己所在的社會。柏拉圖的學生之一亞里士多德（公元前384–前322）也認為雅典的確深受腐敗領導者之害，但他對這個問題的反應與柏拉圖不同。他的著作《修辭學》在一定程度上揭露了「公共演說的伎倆」，亞里士多德認為，它們已經腐蝕了雅典的公共生活。

文藝復興時期領導才能研究

亞里士多德之後大約1 800年，地中海的同一地區出現了另一本書，不但成為那個時代關於領導才能的首屈一指的著述，在我們的時代也有着不可撼動的地

8　伊索克拉底（公元前436–前338），古希臘雅典著名的演說家。

位。這不是說尼科洛‧馬基雅維里的《君主論》甫一問世便頗受歡迎，恰恰相反，它是16世紀最不受歡迎的指導性文本。對馬基雅維里本人而言，這無疑是雙重諷刺。首先，因為他撰寫《君主論》是為了在自己的前僱主那裏恢復一些政治信任和聲望；其次，因為馬基雅維里撰寫的是一部說明性而非指導性著作。換句話說，馬基雅維里認為他描寫了當時政治世界的本來面目，而不是在某個神秘而無法實現的烏托邦裏，政治應該以何種面目出現。正是貫穿《君主論》始終的這種政治現實主義導致它立即受到當時的宗教和政治領袖的譴責，當然這也是它在今天大受追捧的原因。按照馬基雅維里的說法，他撰寫這本書的依據不是理論而是歷史事實，但它卻被天主教會列為禁書，未收錄在教會的《書目索引》中。

《君主論》寫於1513–1514年，彼時馬基雅維里的家鄉因內戰外侵而四分五裂。馬基雅維里試圖為所有的政治領袖，尤其是為美第奇家族，即他的恩主和佛羅倫薩昔日的名門望族，撰寫一部指南。因此，《君主論》不光是為討好美第奇家族而寫，更是呼籲人們拿起武器保衛佛羅倫薩以及通過佔領佛羅倫薩來保衛意大利免受「野蠻人」入侵，他所謂的「野蠻人」是指西班牙和法國侵略者。

馬基雅維里在《君主論》中樹立的一個主要榜樣，是1492年成為教皇亞歷山大六世的羅德里戈‧博

爾賈的私生子切薩雷‧博爾賈[9]。切薩雷‧博爾賈帶領羅馬教宗的軍隊威脅剝奪佛羅倫薩的獨立，但馬基雅維里在切薩雷身上看到了一種全然不同的領導才能，此人殺死了自己選拔的軍官雷米羅‧奧爾科，因為後者在治理羅馬尼阿時顯得過於殘酷了。馬基雅維里回憶道：

「……在一個早晨雷米羅被斫為兩段，曝屍在切塞納的廣場上，在他身旁放着一塊木頭和一把血淋淋的刀子。這種兇殘的景象使得人民既感到痛快淋漓，同時又驚訝恐懼。」[10]（第七章）切薩雷隨後又邀請那些密謀反對他的人前來參加晚宴，並在其饕餮之時命人把他們全都殺了。馬基雅維里因而將切薩雷作為真實政治的良好典範，因為他認為，切薩雷通過有選擇地使用暴力而恢復了和平。當時的大多數領袖都公開鼓吹另一條道路，即行事磊落，光明正大，但在馬基雅維里看來，在一個不道德的世界，光明磊落只能導致最卑鄙的小人執掌大權。他在《君主論》中指出：「因為一個人如果在一切事情上都想發誓以善良自持，那麼，他廁身於許多不善良的人當中定會遭到毀滅。所以，一個君主如要保持自己的地位，就必須知道

9　切薩雷‧博爾賈（1475–1507），瓦倫提諾公爵，是意大利文藝復興時期的軍事長官、貴族、政治人物和樞機主教；教皇亞歷山大六世與情婦瓦諾莎‧卡塔內之子。切薩雷在加入教廷、晉身樞機主教以及弟弟喬凡尼逝於1498年以後，成為教廷史上第一位在任內辭職的樞機主教。隨後其父將教皇領地內的一部分領土分賜給他做領地。

10　譯文引自潘漢典譯：《君主論》，商務印書館1986年版，第34頁。

怎樣做不良好的事情，並且必須知道視情況的需要與否使用這一手或者不使用這一手。」[11](第十五章)因此：

> 切薩雷・博爾賈被人認為是殘酷的。儘管如此，他的殘酷卻給羅馬尼阿帶來了秩序，把它統一起來，並且恢復和平與忠誠。如果我們好好地考慮到這一點，就會認識到切薩雷比佛羅倫薩的人們仁慈得多了，因為後者為着避免殘酷之名反而讓皮斯托亞被毀滅了。(第十七章)[12]

事實上，馬基雅維里並不是說領導者都應該卑鄙齷齪，而只是說為了保護社會的利益(這一點在《論李維》中有更加明確的論述)，君主必須不擇手段——為的是顧全大局。因此人的行為應該放在具體的形勢背景中考慮，而不該放在某個神秘的道德世界中單獨分析。當然，問題是如何定義「大局」。

而在回答他自己提出的設問句「究竟是被人愛戴比被人畏懼好一些呢？抑或是被人畏懼比被人愛戴好一些呢？」時，馬基雅維里毫不含糊地選擇了站在畏懼一邊。

> 我回答說：最好是兩者兼備；但是，兩者合在一起

11　譯文出處同上書，第73–74頁。
12　譯文出處同上書，第79頁。

是難乎其難的。如果一個人對兩者必須有所取捨，那麼，被人畏懼比受人愛戴是安全得多的。因為關於人類，一般地可以這樣說：他們是忘恩負義、容易變心的，是偽裝者、冒牌貨……可是到了這種需要即將來臨的時候，他們就背棄你了。因此，君主如果完全信賴人們說的話而缺乏其他準備的話，他就要滅亡……因為愛戴是靠恩義這條紐帶維繫的……只要對自己有利，人們便把這條紐帶一刀兩斷了；可是畏懼，則由於害怕受到絕不會放棄的懲罰而保持着。但是，君主使人們畏懼自己的時候，應當這樣做：即使自己不能贏得人們的愛戴，也要避免自己為人們所憎恨。(第十七章)[13]

現代領導才能研究

托馬斯·卡萊爾——很多人認為他是關於領導才能主題的首位「現代」作者——曾在1866年就任愛丁堡大學校長的就職演說中，興奮地提到了馬基雅維里和奧利弗·克倫威爾兩人，卡萊爾將克倫威爾比作英國內戰時期絕對必要的諸多君主之一。事實上現代時期領導才能研究的興起——與工業社會的興起同步——可以追溯至卡萊爾在更早的1840年發表的演說，因為崇拜和迷戀歷代「偉人」，他認為普通人的

13　譯文引自潘漢典譯《君主論》，商務印書館，1986年版，第80–81頁。

角色純屬「多餘」。他所建構的個人英雄主義模型代表了維多利亞時代人們關於領導才能的普遍設想：它不可更改地是陽剛的、英雄的、個人主義的，有着規範化的傾向和本質。它源於你依據自己所處時代的文化規範應該做些什麼；的確，跟古典時期和近代零星出現的同一模型別無二致。

該模型似乎成為整個19世紀下半葉的主導模型，直到19世紀末，第一個專業管理團隊開始取代原始的「英雄主義的」所有人 —— 經理人時，才受到質疑。那以後人們認為，隨着工業規模和後向合併(backward integration)水平開始產生巨型工業(特別是在美國)，需要大量行政管理人員來確保組織連貫性，領導才能的背景 —— 因而也包括其「要求」—— 從英雄主義的個人轉變成為理性主義的系統和過程。這類組織領導才能模型中有很多都來源於軍隊、文職機關、郵局和鐵路，大多將領導才能確定為正式等級結構內部的行政職位。繼而隨着這些龐然大物所釋放的勞動生產率的增長，開始鼓勵激烈的市場競爭並侵蝕利潤率，人們的注意力又很快轉向了節約成本戰略和科學管理。科學管理的創始人F. W. 泰勒就專注於管理層不惜損害工人的利益而嚴格控制知識，在細化勞動分工的同時，大大降低各個工作崗位所需的技能。在這種情況下，領導才能就被重新設計為「知識領導才能」，領導者成為大量生產知識的保有者，因而產生了可以控

制生產的權力——與以前由作坊工人對生產加以控制形成了鮮明對比。

　　1920年代的經濟蕭條正好與領導才能模型的下一個重大轉變在時間上重合，就本書討論的目的而言，那一次重大轉變又重新強調規範性權力的作用，偏離了前20年一直佔主導地位的科學系統和過程的合理性。這個向以往的規範性模型的「回歸」最初起源於1920和1930年代在通用電氣公司位於芝加哥附近的工廠進行的霍桑實驗。在那裏，為優化勞動條件而進行的泰勒式科學實驗據稱產生了第一個困擾，繼而讓人們意識到，勞動是無法客觀測量的，因為測量行為本身就改變了經驗，因而也改變了那些被測量之人的行為。這一所謂的「霍桑效應」後來又引發了一系列相關試驗，最終先是說服了通用電氣公司，繼而又說服了整個美國各家公司的管理層，讓他們明白工人只能通過規範而非理性獲得激勵，他們傾向於集體主義而非個人主義的組織文化。

　　可以說，上述交替出現的領導才能模型——先是19世紀下半葉卡萊爾的「規範」模型，接着是20世紀前20年泰勒和福特的「理性/科學」模型，繼而又被霍桑實驗的「規範」模型回歸所取代，而這最後一種模型又在1930和1940年代被鞏固成為「人際關係」方法——反映了兩個更為籠統的現象：首先是當時的經濟週期，其次是當時的政治模式。這些經濟週期構

成了康德拉捷夫[14]頗有爭議的經濟長波理論；政治週期倒沒有那麼多爭議，也更有趣，因為我們似乎不可能脫離1920年代末和1930年代全球大規模興起的共產主義和法西斯運動而單獨討論工業，更有可能的情況是，在這些運動中表現出來的領導才能模型，通過在當時看來合理的一種時代精神被折射在工業中。換句話說，在由規範性地依附於集體意志 —— 不過這種集體意志體現在對黨派領袖近乎崇拜的忠誠中 —— 的群眾政治運動風起雲湧的時代，人們似乎自然而然地認為，領導某個工業組織的最佳方式是反映出這樣一種假設：應該通過規範而非理性的方式組織勞動 —— 組織勞動之群體的領導者應該是代表群眾的明顯意願的原型人物。

第二次世界大戰結束之時，經濟再次出現繁榮，在西方開始佔主導地位的領導才能模型也再次從群眾和英雄的規範性偶像崇拜 —— 表現為共產主義和法西斯掌權 —— 轉變為對情境的理性分析佔優勢的模型，這種科學方法曾經大大激發了主要戰勝國即美國的作戰能力，也是根植於那個國家的個人主義文化內部的一種方法。於是就有了美國的自我實現運動的興起，尤其體現在馬斯洛的「需求層次」中，它強調領導者

14　尼古拉‧康德拉捷夫(1892–1938)，蘇聯經濟學家，提出康德拉捷夫長波，認為資本主義經濟發展過程中存在着週期為50年左右的景氣與蕭條交替的長期波動。

需要先解決追隨者的健康和安全需求，然後追隨者才能夠關注「更高級」的需求；同時也體現在麥格雷戈[15]用「Y理論」（人性是合作的，因此應當通過鼓勵來領導）替代「X理論」（人性是自私的，因此應該通過控制來領導）的思想中。

隨着對特質理論越來越多的批評，以及密歇根大學和俄亥俄州立大學的研究工作，領導才能研究的趨勢又偏離規範，回到對情境的合理理解上。這兩所大學的研究工作為一個激進的新動向權變理論奠定了基礎。在權變理論的總體框架之下，依靠有可能永無窮盡的特質和超人魅力的理論脆弱性——表面上——受到了沉重打擊。自那以後，人們真正關心的不再是由一個最有魅力的領導者來領導一群最崇拜他的追隨者，而是能夠合理地理解形勢，並做出適當的反應：也就是我們在上一章討論過的論調。

自這一權變理論的初期以來，我們經歷的「進步」歷程先是回歸，強調有着彼得斯和沃特曼[16]喜愛

---

15 道格拉斯‧麥格雷戈(1906–1964)，美國麻省理工學院史隆管理學院教授，還曾於1948年至1954年期間擔任安托荷學院院長，並曾在印度加爾各答管理學院任教。他的《企業的人性面》(1960)一書深刻地影響了教學領域。在該書中，麥格雷戈主張在一定的環境中，僱員可以通過權威、引導、控制、自我控制而達到激勵效果。

16 指美國麥肯錫諮詢公司的托馬斯‧彼得斯(1942–)和小羅伯特‧H. 沃特曼(1936–)，二人在合著的《追求卓越——美國企業成功的秘訣》一書中提出了革新性文化理論，認為超群出眾的企業有一套獨特的文化品質，正是這種品質使它們脫穎而出。

的(規範性)「卓越文化」的領導者有多重要,繼而又到了1990年代企業重組革命的(理性)教育,最終來到了當代變革型和激勵型領導理論的發展,其背景自然包括恐怖主義、全球變暖、「信用緊縮」以及神權政治和宗教原教旨主義的興起。這些轉變也引起了1980和1990年代的新公共管理運動,舉例來說,在該運動的背景下,通過市場的擴張以及目標和業績管理系統的約束,英國的公共部門由懶散官僚的巨無霸轉變成為反應迅速的服務提供者。

以上這些,再加上人們對情商的重要性、身份認同領導以及制定激勵性遠景和使命的關注,似乎使得起初的規範性特質方法的回歸成為必然:看起來,我們是朝着過去前進了一步。因此,近年來我們(再度)受制於激勵型個人,這些人天生擁有當代領導者碰巧都有的各種基本勝任素質,而在出現災難性後果時,人們也會歸咎於那些素質。

領導才能的發展規律

本文關於領導形式的二元轉換的論點並未得到普世公認。的確,對這一規律 —— 如果真有規律可循的話 —— 的理解方式不一而足。首先,隨着時間的流逝,我們對領導才能的理解只能越來越趨於複雜和理性,圖7顯示了這種遞進的改善。學習歷史的學生定會

在這種發展態勢中看到輝格黨式的樂觀激進，即事物總體來說朝着越來越好的方向發展。另一方面，有兩種二元模型表明，人們對變化的解釋截然不同：圖8顯示了領導才能的集權和分權模型的鐘擺式交替——這通常都是建立在關於組織學習和遊戲的假設之上的，因此隨着制度僵化的開始，曾經一度高效的模型會變得無效。相反，圖9則保留了二元模型，但其因果機制與構成語言的二元結構有關：夜/晝，黑/白，死去的/活着的，等等。在這裏，科學與文化的關係對變化構成了天然的語言屏障，一旦某種領導風格的效能被消耗，鐘擺就會朝相反的語言學方向擺動，直到該模式也走到了盡頭為止。

其次，某種政治模型不但會將變化置於語言的對立界限之中，而且會將它置於更廣闊時代背景的政治策劃之中，在後一種情況下，看似「正常」的東西只會在當時的政治意識形態框架之下才顯得正常。圖10顯示了這樣一種視角。因此，泰勒主義之所以成為風尚，不僅僅因為它是科學的因而也是理性的，而且也因為在一個又一個科學界的突破逐漸改變勞動世界、種族改良運動開始在美國文化中佔據優勢的時代，人們會自然而然地認為存在一種配置、控制和領導勞動的最佳方式。同樣，當歐洲政治開始陷入共產主義和法西斯主義的圈套，人們也似乎必然會認為，最佳的領導方式不是通過對個體的科學管理，而是通過魅力

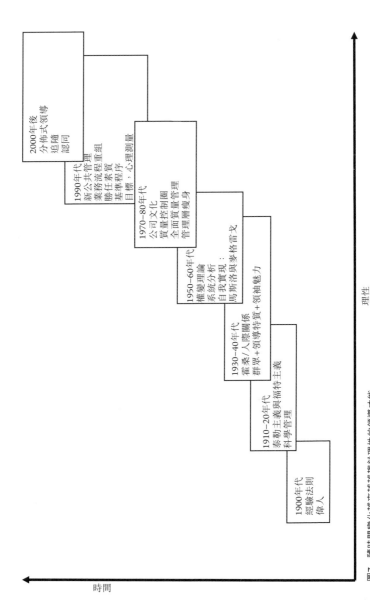

圖7 隨時間變化越來越超越於理性的領導才能

理性

時間

2000年後
分佈式領導
追隨
認同

1990年代
新公共管理
業務流程重組
勝任素質
基準程序
目標、心理測量

1970~80年代
公司文化
質量控制圈
全面質量管理
管理層瘦身

1950~60年代
權變理論
系統分析
自我實現：
馬斯洛與麥格雷戈

1930~40年代
霍桑／人際關係
群眾＋領導特質＋領袖魅力

1910~20年代
泰勒主義與福特主義
科學管理

1900年代
經驗法則
偉人

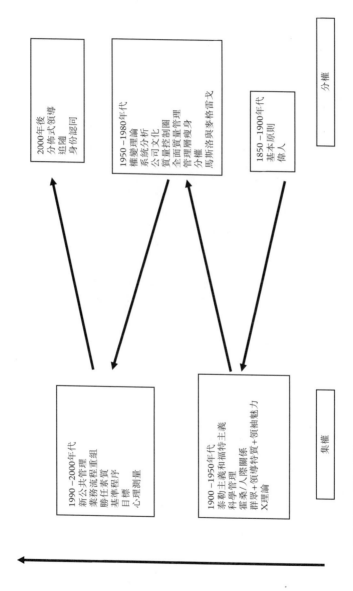

圖8　二元模型A：集權─分權

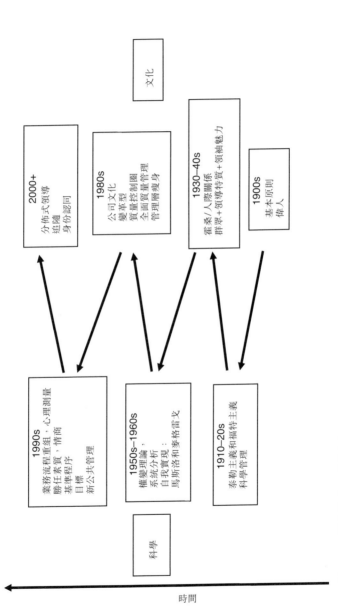

圖9　二元語言模型B：科學與文化

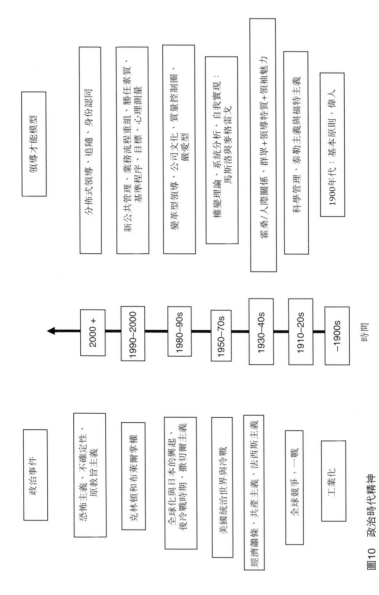

圖10 政治時代精神

型領袖對情緒化的群眾加以操控。第二次世界大戰一結束，當時的霸權力量美國在各處複製了自己的科學和個人主義管理方法，將其作為默認的領導才能模型，只有當日本的威脅在1980年代(重新)出現時，才又發生了朝向更偏重文化的領導觀念的大轉變。而當這些在1990年代再次失去動力時，隨着新公共管理和目標測量等做法佔得上風，風向又轉回到了整個譜系的科學一端，其在21世紀的前十年再次被顛覆，因為世人對全球變暖、金融災難、政治腐敗、恐怖主義和犯罪的道德恐慌不斷擴散，將爭論焦點再度導向了身份認同領導等方法的文化派系。

最後，很有可能根本就沒有什麼規律可言，這些只是學者和諮詢顧問們傳播的歷史碎片的集合，他們希望最好能對某個沒有意義的事物建構意義，或至少能出售自己建構的規律作為謀生手段。領導才能的歷史或許根本就是一個失敗接着另一個失敗，但它本有可能更糟：它本有可能是同一個失敗不斷重複。所以我們不妨努力一下，起碼能避免這後一種更糟的情況發生。

第四章
領導者是天生的還是後天培養的？

「領導者是天生的還是後天培養的？」這或許是我在教學生涯中被問得最多的一個問題了。通常我都會以不同的措辭回答說「兩者兼有」：我們對此實在所知不多，無法做出任何非此即彼的斷言（不過那也未能阻止人們繼續提出同樣的問題）。本章，我想提出一個四重分類法來探討一下這個問題，對前提加以擴展，不僅包括「天生的還是後天養成的」，還包括「是集體的還是個人的」。這不是迴避問題，而是試圖明確，如何回答這個問題取決於所討論的是哪一種領導才能。首先來看最傳統的回應，即領導才能是個人的、天生的——這是卡萊爾的觀點；然後考察這一個人主義觀念的後天培養的變體，可追溯至古代雅典人。繼而探討集體主義觀點，先考察雅典人的「天然」死敵斯巴達人，最後再討論卡爾克斯式（Calchasian）觀念，即在實踐社團中培養出來的集體主義者。這一四重分類模型的圖示見圖11。

圖12顯示了與「領導者是天生的還是後天培養的？」這個問題有關的兩張照片。第一張是格魯吉亞

的一個學校團體，畫圈的人物是少年斯大林。第二張是奧地利的一個學校團體，畫圈的人物是少年希特勒。兩人在照片中都處於領導者所在位置——後排中間位置，這一點令人心驚，也是巧合。斯大林是組織照相的人，他負責收費，把利潤據為己有——他似乎是個「天生的」領導者。希特勒沒有參與組織照相；要說起來，他在學校裏根本是個不起眼的人物，是個沒出息的廢物。事實上，第一次世界大戰期間希特勒曾在巴伐利亞後備步兵兵團服役，該兵團的高級長官在談到當時的希特勒時說：

> 希特勒不是個特別引人注目的人物……（不過）他是個出色的士兵。他是個勇敢的人，踏實可靠、寡言少語而謙虛低調。但我們找不到提拔他的理由，因為他缺乏作為領導者不可或缺的品質……我最初認識他時，希特勒根本沒有任何領導才能。（引自劉易斯，2003：4）

然而短短幾年時間，希特勒變成了20世紀最有影響力的領導者之一。這是怎麼回事呢？有人說希特勒——在第一次世界大戰末期曾被英國人的毒氣彈所傷——曾被撤離前線，跟很多同伴一樣，宣稱自己永久失明了。但在其他所有士兵都要求退伍時，希特勒卻要求重返前線。既然沒有一個士兵永久失明，軍隊

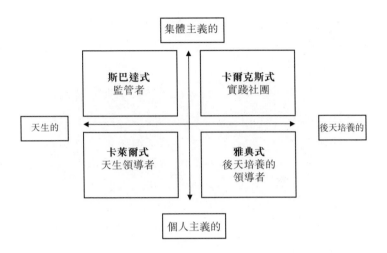

圖11 關於領導才能培養的一種分類法

圖12　斯大林和希特勒。第比利斯宗教學校的斯大林（上）和萊昂
　　　汀學校的希特勒的照片（下）©Bettmann/Corbis

高層這時也就知道了大多數人都企圖蒙蔽(這還真是蒙蔽的本意)上峰，逃避這場已經失敗了的戰爭，不過他們覺得希特勒一定是精神有問題，於是就把他送到一個精神病醫生那裏。那位精神病醫生又宣稱，只有被「選中」成為拯救德國之人，希特勒的視力才有可能恢復。這個故事後來的發展自然是希特勒恢復了視力，並逐漸「瞭解」到，他命中註定要擔當遠比陸軍下士重要得多的大任。這個小插曲是真是假無關緊要，問題在於很多領導者之所以能夠取得非凡成就，都是因為相信某種命中註定的力量。那種命運是由神明事先告知的(聖女貞德、奧利弗·克倫威爾、馬丁·路德·金、弗羅倫斯·南丁格爾)還是某種歷史力量使然(成吉思汗、納爾遜子爵、斯大林、巴頓將軍、溫斯頓·丘吉爾)，都沒有其結果重要：它似乎能夠產生一定水平的自信，促使其鋌而走險，這兩者都被追隨者認定為偉大領袖的鮮明特徵。當然，也有很多這類「命中註定的」領導者壯志未酬身先死，只不過我們不曾聽說過他們的故事罷了。相反，只有成功者的故事會傳頌千古，其宿命的傳說令後人心蕩神馳。事實上在這樣的例子中，詢問「領導者是天生的還是後天培養的」本屬多此一舉，因為他們可能生來「普普通通」卻因為某種經歷而轉變成了「卓爾不群的」人。但這種類型的領導者有什麼重要意義呢？

卡萊爾式：天生的領導者

托馬斯·卡萊爾(Thomas Carlyle 1795–1881)堅信「真正的」領導者——英雄——都是天生的而非後天培養的。那些「只會喝酒吹牛」的群眾無法產生自己的領袖，而新的資產階級老闆「工業巨頭」整日只會汲汲於賺取更多的物質財富。在卡萊爾看來，偉大的領導者不可能是在特權的濡化教育後出現的，而只能通過個人原生的——也就是「自然的」——天賦，再加上一種尼采所謂的「權力意志」而產生。卡萊爾的英雄是「天生的領導者」卻不是「天生偉大」，因此他列出的名單包括穆罕默德、路德、(後來成為的)腓特烈大帝、克倫威爾和拿破崙——這些人都(和他自己一樣)天生就有「自然意志」和領導能力，除此無他。因為正如卡萊爾所說：

> 世界歷史就是人類在這個世界上所取得的種種成就的歷史，實質上也就是在世界上活動的偉人的歷史。他們是民眾的領袖，而且是偉大的領袖，凡是一切普通人殫精竭慮要做或想要得到的一切事物都由他們去規範和塑造，從廣義上說，他們就是創造者。我們所見到的世界上存在的一切成就，本是來到世上的偉人的內在思想轉化為外部物質的結果，也是他們思想的實際體現和具體化。可以恰當地認為，整個世界歷史的精華，就是偉人的歷史。(卡萊爾，2007：1)

卡萊爾很可能會對他所處時代的人們關於領導才能所持的演化觀報以同情——該觀點認為領導才能是人類在一個需要集體行動方能採集食物和保護種群、存活下來的時代演化出來的對協調問題的應對機制。狩獵——採集者社會的日常活動或許是我們藉以考察更新世(大約從180萬年前到1萬年前，即最後一個冰川時代末期)期間人類領導才能早期模式的最接近的實例了，在那一時期，50–150個智人組成半遊牧的、有親緣關係的群體開展活動，大概在20萬年前從非洲的起源地出走四散。最後一個冰川時代結束之後，定居農業的發展產生了大量儲備和資源，或許人們正因此而寧願拋棄狩獵——採集者文化，以及與其各種同期變體相關的平等主義和參與式領導模式。簡言之，盈餘的產生或許促使人們朝着更為靜態的社會發展，其領導者是有能力保護/剝削所在社會並消滅對手的軍閥，霍布斯談到在「污穢、野蠻和短命」的生活中，所有人反對所有人的戰爭時，大概所指的就是這個。

　　在演化生物學家看來，在連年戰爭的條件下，對領導者的選擇或許會重點關注相對較少的一群「雄性領袖」，也就是卡萊爾的「英雄」。隨後發生的各種各樣的自然選擇淘汰了一切，只留下最適應的，或者說只留下了最適於擔任領導職位的人，但這同時意味着當代的各種組織形式被認為「不適合」我們(幾乎沒有發生)演化的領導形式。事實上在這種觀點中，對

領導才能的要求是人類所固有的，時空變換，斗轉星移，那些要求卻相對固定。

事實上要確定哪些特質是人類天生固有的實在難乎其難。首先，我們很難在人們受到教育的影響之前對他們進行評估——評估嬰兒的領導能力絕非易事。更何況有些行為本來就沒有邏輯可循：比方說，如果繁殖的結果更有利於領導者而非追隨者的話，還怎麼會有人甘居某一位領導者之下呢？

這種觀點往往認為，人類顯然普遍適用且亘古不變的領導才能與我們的動物本性有關，因為動物中間的領導才能似乎是不變的，也是最為等級森嚴和殘酷暴虐的。比方說，獅群中的領導模式主要是由母獅負責狩獵和照顧幼獅，而雄性領袖在攝食和交配方面享有特權。但並非所有動物都採用同樣的領導模式：以斑鬣狗為例，它們的性別角色就是相反的——雌性的體量大於雄性，因而前者控制交配過程並領導鬣狗群；雄性進行大部分的狩獵，而雌性控制雄性，並可以優先獲得被雄性殺死的獵物。有些演化觀點暗示說，雌性之所以能在斑鬣狗群體中佔據統治地位，是因為雄性沒有分擔撫育幼獸的職責；很奇怪怎麼沒有人把這種領導策略傳授給獵豹。狼群稍有不同：由一對老大領導2-12隻狼組成的家庭單位，擔任領導的那一雌一雄單獨負責哺育後代。狼群內部存在着嚴格的等級階序，雄性老大領導捕食和守衛地盤，雌性老大領導幼崽。

但如果說人類領導才能是動物世界的鏡像，那麼我們應該最像我們最近的遺傳近親黑猩猩才對。然而德瓦爾關於黑猩猩的論述表明，領導才能並非由體量決定，也不一定是黑猩猩天生固有的，而是由佔優勢的雄性在年長雌性的支持下結盟形成的。此外，博姆指出，對當代狩獵 —— 採集者的分析表明，領導者時時處處會受到「逆向統治等級」的抵制 —— 後者結成暫時的同盟，共同反抗暴君。事實上，領導者的合法化取決於追隨者而不是領導者。

　　如果我們真的是自身基因的「犧牲品」，那麼我們或許還想質疑一下自由選擇或自主權的概念。與決定論相對，意志力就是指行使自由意志或主動選擇，因此，如果人類行為是由生物基因決定的，就消除了領導才能的主動元素，或許就很難確定個體的責任了。這樣一來，我們可能根本不用負責，也就沒有領導才能可言了。事實上，如果說性格是遺傳得來的，那麼這種觀點的邏輯結論表明，那些有着「犯罪基因」的領導者無須對帶領犯罪團夥作惡負責，哪怕其造成了重大人員傷亡或大量錢財被盜等等。

　　而如果我們堅持認為行動是由生物要求決定的，而個體對其沒有任何主動控制權，那麼我們甚或應該考慮尋找一種領導才能基因來迫使他們行動。古代雅典人大概根本不這麼看；在他們看來，領導才能是後天培養，而不是先天就有的。

雅典式：後天培養的外行

「雅典式」是指以古代雅典公民（只包括男性）為典範的領導才能學習模式，他們通過相對較高的社會出身再加上博雅教育，並適當地輔以「培養人格」的體育教育，來獲得領導職位。最初接受教育的時間段是8–14歲，富裕階層的男孩子會接着上學，直到18歲，按照規定，那以後會有兩年時間在軍中服役。其目的是要培養（男）孩子，讓他們通過參與往往是獨立思考的省察式學習，為雅典公民提供下一代通世故、有擔當的領導者。這些領導者認為自己是「後天培養的外行」——他們不是填鴨式教育系統的成果，後者培養出的是他們的死敵斯巴達人那樣的職業士兵；相反，他們是最為文明的社會培養出來的最知書達理的人。至於當代讀者覺得有奴隸存在，且女性社會地位低下的社會根本算不得文明社會，就是另一回事了。

整個19世紀，英國軍隊裏就採用這種領導才能培訓的「後天培養」做法，結果形成了一個極為忠誠、勤奮和實用的上層階級軍官群體，但他們沒有什麼想像力，對科學技術也不感興趣或不予支持。這造成了英國在第一次世界大戰前半段，特別是1930年代的困境，以及英國全面喪失技術領先的地位。無論商場還是陷入僵局的戰場都需要創業家的胸懷和豐富多元的想法，然而他們的做法卻造就了「監護制」倫理規

範，它提倡責任感和浪漫的理想主義卻不理會創新組織結構、程序和戰略。結果，人們對軍事理論或戰略漠不關心，卻過於倚重作戰軍官的個人主動性，以及英國人良好的「常識」。

這樣一來，領導行為就成為下屬們無法參與的事情——德國軍隊卻一直都在培養下屬的參與感——而主要源於一種交換機制：用家長作風來換取忠誠，用威嚴來換取尊重。結果，領導者們有義務像對待自己的孩子一樣對待士兵，士兵們則必須像孝順父母一樣服從軍官的命令。正如1914年第一國王兵團的一位中尉所說：「士兵們太像幼兒了。離開了我們，他們什麼也做不了⋯⋯這大概能夠在部分程度上解釋為什麼軍官的傷亡比例如此之大。」因此，軍官群體所獲得的特權不一定會引起士兵們不滿——只要那些特權不會破壞軍官們照顧士兵的社會責任，而這所謂的照顧往往都是些微不足道的小事，比方說記得某個士兵的生日、詢問其家庭生活，以及盡可能改善士兵的伙食，等等。

「斯巴達式」：監管者

卡萊爾和雅典模式本質上都是個人主義領導模式，前者認為領導才能是天生的，後者認為領導才能是後天培養的，但斯巴達模式卻不遺餘力，甚至有些走火入魔地鼓吹集體主義，亦毫不掩飾其自然主義態

度：領導能力的確是許多斯巴達人天生擁有的，但為了社會的共同利益必須對其加以約束，且必須在集體主義框架下對其加以改善。此外，只有通過同樣的領導系統對追隨者進行培訓，讓他們服從監管者的領導時，領導才能才有可能得到充分有效的發揮。該監管過程在嬰兒出生時就開始了，由一個長老會對每一個嬰兒進行評估，把那些被定義為「軟弱」的嬰兒留在泰格托斯山的山坡上過夜，把他們的生死交給命運。

斯巴達人把年齡在7–18歲的男孩們送到阿高蓋（*agôgê*，字面意思是「撫養」，類似飼養動物），該機構集教育、社會化和軍訓為一體，將男孩子們變成合格的勇士。斯巴達教育的內容很少包括省察式學習，最重要的是培養對國家的忠誠。教育那些男孩子的首要目標是建立一支忠誠盡職的軍隊，13歲時，他們要接受一位義忍（irens）的指揮，後者是一些20歲的下級領導者，培養其指揮經驗的目的正是為了在大批勇士中注入斯巴達式領導特質。少年們還必須經歷一段「隱藏期」，那段時間他們須到鄉下去獨自生活，或在自我管理的小團隊內生活，還要參與殺死斯巴達奴隸的行動，那些奴隸有的被認為過於強壯，有的可能懷有領導的野心。18歲時，會挑選出一組人加入精銳的皇家衛隊，再從那裏走向正式的軍事領導職位，不過軍事訓練一直要持續到30歲才會結束。但在斯巴達，就連忠誠也有着一種集體主義而非個人主義的傾向：每年一度

選出的民選五長官——監督人——宣誓支持雙王，但條件是雙王必須維持法治。因此，如果某一位斯巴達國王堅持領軍作戰(他可以這麼做)，民選五長官中的兩位長官將始終伴其左右，並向國內彙報其言行操守。

明顯參照了選擇領導並將其集體化的斯巴達式做法、距離我們更近的例子，恐怕就是希特勒青年團的各級組織了。特別是在各所阿道夫‧希特勒學校裏，德國男孩們要在戰場上和家鄉接受領導才能訓練。1921-1925年出生的德國人中死於戰爭的比例為三分之一，但曾在阿道夫‧希特勒學校受訓的人有50%命喪沙場。到1935年，年齡在10-18歲之間的所有德國人中，有一半都是希特勒青年團團員，1926年出生的人中入團的比例高達90%。事實上1939年以前入團還是自願的，但很少有人拒不入團。希特勒青年團採取軍事化組織，包括由150人的群體組成的分部一直到由10名男孩組成的少年團小組(女孩組成的叫少女團小組)。「青年領導青年」是希特勒的口號，不留任何盲點：單1934年一年，就有12 727名希特勒青年團(14-18歲)領袖，24 660名少年團(10-14歲，女孩子組成的叫作少女團)領袖參加了287次領導培訓課程。上完這些包括體育和軍事訓練及意識形態洗腦的課程之後，這些年輕領導者會領取關於如何領導追隨者的手冊，其內容詳盡，每節課都包括導言、歌曲和課文。不允許有任何討論或分歧，但最重要的經驗似乎是週末營

和夏令營，那些短期訓練營積極進行社團建設，通常是確保12歲以上的每一個孩子都能輪流領導自己的少年團小組或少女團小組。「那樣一來，」一個男童學校的一位教職工寫道，「他就能夠學習發號施令，並在潛意識中獲得自信的力量，要想命令他人服從，這是十分必要的。」成功完成了少年團和希特勒青年團的訓練之後，會有少數人入選某所奧登斯堡（黨衛軍學校），這些學校將斯巴達精神奉為圭臬。「我們這些培訓青年領袖的人希望看到的，」一位培訓教師在1937年說，「是一個以那個古希臘城邦為榜樣的現代政府。選出人口中最優秀的5%–10%來治理國家，其他人則必須工作和服從領導。」然後，這些未來的領袖會在福格爾桑黨衛軍學校學習一年的「種族哲學」，繼而在克羅辛茨學習一年的「人格培養」，最後在松特霍芬學習一年的行政管理和軍務。在1935年的結業會操上，納粹黨組織部長羅伯特·萊伊[1]說：

> 我們想知道這些人的心中有沒有領導的主人翁意志，簡言之，就是統治意志。納粹黨及其領袖們必須渴望統治……我們樂於統治，不是為了成為暴君或在施虐的專制政權中獲得快感，而是因為我們堅定不移地相信，不管形勢如何，只有一個人可以領

1 　羅伯特·萊伊（1890–1945），納粹德國政治家，1933至1945年任德國勞工陣線領導人，在紐倫堡審判中自殺。

導，也只有一個人能夠負責。權力當屬那一個人。

（引自諾普，2002）

在納粹看來，這最終的「一個人」當然就是希特勒，隨着戰爭的深入，希特勒開始日漸背離納粹的集體主義核心以及戰前德國鼓勵下屬發揮主動性及領導者與追隨者相互反饋的軍事理念(任務式指揮)，這極大地加速了希特勒的潰敗。例如，顯然，在1939–1941年入侵波蘭、西歐和蘇聯期間，希特勒與將軍們進行過多次談話並傾聽他們的意見，雖然他並非總是採納他們的建議。希特勒只有一次親自干預過入侵波蘭的行動，還被馮·倫德施泰特駁回了。然而當入侵蘇聯的行動在1941年冬受挫之後，希特勒開始「親自過問」武裝部隊的大小事務，也不再傾聽將軍們的意見了。於是隨着戰爭的推進，希特勒與下屬的對話變得越來越單向，他接收到的信息不再來自建設性的反對者，而是來自破壞性的贊同者。也就是説，隨着獨立思考的人被排除在顧問圈外，他收到的建議的質量急劇下降，以至於他所能聽到的建議只剩下那些下屬認為他想聽到的，而不是他需要聽到的。

與此相反，二戰開始時任職於海軍部，且因為某一位塔爾伯特上校不同意他的反德國潛艇戰略而將其開除的溫斯頓·丘吉爾，卻在擔任首相之初招募了很多就他所知最獨立的自由思考者。因此，他邀請了厄

內斯特‧貝文加入戰時內閣並擔任勞工及國民服務部長，此人曾是1926年大罷工的領袖之一，而丘吉爾鎮壓過那次大罷工。確實如此，他甚至與自己最痛恨的兩位政敵張伯倫和哈利法克斯伯爵共事。在軍事領域也是一樣，雖然他與艾倫‧布魯克意見不合是人盡皆知的，兩人常常爭論得面紅耳赤，但丘吉爾仍然把他留下來，因為丘吉爾知道，只有這樣的人才有勇氣和不屈不撓的獨立精神提供他所需要的逆耳忠言。這種獨闢蹊徑的領導才能學習法就是第四種學習模式 —— 卡爾克斯模式 —— 不可或缺的重要元素。

卡爾克斯式：實踐社團

第四種領導才能學習方式，即卡爾克斯式是後天培養的觀念加上集體主義傾向。事實上，它指出領導者既非無所不知也非無所不能，因此領導才能必須在整個組織分佈開來；此外，這樣一種深入或分佈式領導是可以通過培養習得的，它能夠獲得社會支持，我們也不需要僅僅依賴「天性」來讓領導才能走上正軌。這一觀念還聲稱，參與社會實踐是人類學習的基本過程，因此學習是一項集體或社會活動而不是個體活動。的確，正如溫格所說，學習事實上是通過一種「實踐社團」發生的，在該社團中，參與社會實踐構成了一種社會化社團，並因而構成了一種可以被領導的社會身份。

有史以來，人類組成了各種社團，將集體知識積累起來形成社會實踐——實踐社團。部落就是個早期的例子。更近代的例子包括中世紀對行業加以管理的行會，以及共同確定某一特定研究領域內的有效知識的科學社團。不那麼明顯的例子包括地方園藝俱樂部、病房內的護士、街頭流氓團夥，或者定期在咖啡廳裏集會、分享經驗、互通消息的一群軟件工程師。（格林特引用溫格，2005：115–116）

然而實踐社團的成立並不僅僅因為物理距離接近，還必須由參與者「共同參與」，否則「社團」就不會發展成為「實踐社團」。此外，實踐社團並非只有親密友愛的烏托邦理想，它的本質定義是共同實踐和集體智慧，而不是和諧的關係。

我還想指出，一般人總是想當然地對這一關係加以臆斷，但其實是追隨者教會了領導者如何領導。事實上重要的不僅是經驗，還有省察的經驗。大多數父母學做父母也體現了這一逆向學習方式：孩子們教會了他們如何做父母。或者正如霍普金斯（Gerard Manley Hopkins）[2] 所說，「兒童為成人之父」。霍普金斯或許意在暗示男孩最終總會成長為男子漢，正如一粒橡子

2　傑拉爾德·曼利·霍普金斯(1844–1889)，英國詩人、羅馬天主教徒及耶穌會神父，去世後在20世紀聲譽大增，使他成為最負盛名的維多利亞詩人。

總會長成橡樹。但我想在這裏提出一個不同的解讀：孩子們教會了自己的前輩如何成為父母。

雖然有很多關於育兒的書籍，但大部分探討如何做父母的書籍只能源於「育兒」經驗。畢竟，只有在自己的孩子身上嘗試過之後，你才會知道別人的方法是否有效。理論上，父母都會教育孩子要做個好孩子，但後者當然有辦法對大部分這類良好建議置之不理。如若不然，天下的父母就不會發愁孩子搗亂、坐在超市的地板上耍賴，也不會有青春期的孩子去嘗試酒精或毒品，沒有人深夜不歸，或者房間亂得像剛剛被打劫過似的。既然這些時常發生，父母佔據的資源優勢(體能、語言、法律支持、道德要求、零花錢來源、禁止外出的威脅等等)的效果就相當有限。因此，關鍵問題是，父母必須通過傾聽孩子的聲音並對其做出反應來學習為人父母之道。事實上我們都是從自己的孩子身上學習如何做父母的：剛出生的嬰兒覺得我們抱的方法不對、讓他們不舒服了，就會哭，我們會調整姿勢；他們餓了會哭，讓我們餵食；他們累了會哭，讓我們拍着睡覺。每次 —— 是事實而非假設 —— 我們做錯了(或者他們覺得我們做錯了)，他們都會通過啼哭、掙扎、生氣或者隨便什麼方式讓我們知道。當然，我們隨後必須自行決定怎麼做，是「教訓他們」學習一點兒自控或是其他什麼，但這些是否奏效不光是我們說了算，我們往往必須通過這一不斷變化

的關係來協商妥協，最終找到自己的育兒方式。的確，雖然經驗有時能讓育兒變得容易一些——孩子越多就越好帶，但情況不一定如此，或許因為每一個孩子與父母的關係都截然不同，以及/或每一位新生的孩子都會改變以前的親子關係模式，以及/或因為有些人的學習過程就是比較困難。

這裏最重要的問題或許是父母在何種程度上從孩子那裏獲得反饋。在父母——子女相對還算對稱的關係中，還有可能是父母學到的最多。換句話說，當孩子被父母壓制——或者相反——時，關係雙方的任何一方都絕不會學到很多或日漸成熟。確實如此，很多父母能夠較為出色地完成極難的任務，原因之一或許就是孩子的反饋往往比成人追隨者或下屬更加開放和誠實：如果父母的做法「不當」——這是由孩子而不是由父母界定的，孩子的意見很快就會傳到父母的耳朵裏。這一點在蹣跚學步的孩子身上就很明顯，他們說話之坦誠，可能會讓人難以忍受，此外每當我們遇到那些雷厲風行的領導者的孩子時，也能強烈地感受到這一點：他們的孩子們似乎往往能對他們直言不諱，說的話是我們這些可憐蟲下屬們連想都不敢想的。如果把這一學習模式映射在領導才能上，其含義就是，雖然領導者都覺得自己在教導追隨者如何服從，但事實上教導的主要工作是由追隨者們完成的，領導者大部分時間都在學習。這樣一來，我們不妨把傑拉爾

德·曼利·霍普金斯的話改寫成：「追隨者乃領導者之師。」

總會有些領導者學不到，有些追隨者教不了，此事不可避免，但領導才能的秘訣之一很有可能並非一串天生的技能和勝任素質，或者你有多少領袖魅力，或者你有沒有願景或實現該願景的戰略，而是你是否有能力從追隨者那裏學到東西。那種學習觀念無疑是深嵌在領導才能的關係模式之中的。我還想指出，不對稱的問題對於成功的領導也至關重要。也就是說，一旦領導者和追隨者之間的關係無論在哪一個方向上是不對稱的——軟弱/不負責任的領導者或軟弱/不負責任的追隨者，那麼組織的成功就可能無以為繼，因為雙方能夠得到的反饋和學習微乎其微。事實上，學習與其說是個體認知事件，不如說是一個集體的文化過程。

如上文所述，這一從下屬那裏學習如何領導的問題並非什麼新奇的異想天開，事實上自古典時期以來，它就一直是領導才能的一個明顯特徵。例如在希臘神話中，特洛伊戰爭期間，忒斯托耳（阿波羅的一位祭司）的兒子卡爾克斯是邁錫尼國王阿伽門農手下的預言家。阿伽門農想保證自己獲勝，就找到了特洛伊人卡爾克斯。於是卡爾克斯來到德爾斐神廟，宣稱希臘人要想勝利，必須要讓阿伽門農付出巨大的代價：他得獻出自己的女兒伊菲革涅亞，這場戰爭要打十年，且除非阿喀琉斯為希臘人而戰，否則就無法保證他們

獲勝。於是阿伽門農不得不相信一位特洛伊人——他昔日的敵人——的話，因為他無法信任自己「天然」的盟友希臘人提供的信息。

這樣一來，這種「卡爾克斯式」方法就超越了領導才能學習最致命的弱點之一：用建設性異議取代了破壞性贊同。我的意思是，既然沒有哪一個領導者擁有足夠的知識或權力實施高效的領導，那麼領導才能就必然是集體事務。然而，隨着領導者在組織等級階序中步步高升，周圍往往會聚集一群馬屁精——那些不折不扣的「唯唯諾諾之人」在反饋中只會奉承而根本不知誠實為何物。相反，組織要想獲得長期的成功，就需要建設性的反對者——那些能夠且願意為正式領導者提供可能會令後者心中不悅，但要想學會如何領導就必須傾聽的反饋。阿伽門農的問題就在於，只有非希臘人能夠提供這樣的建議，而那恰恰從一個角度凸顯了領導才能學習的一個核心問題：它需要那些願意遠離關注焦點的人，既避免卡萊爾等人喜歡的個人英雄主義領導模式，同時又能為正式領導者提供相反的意見，拒絕被正式領導者的權威震懾，將社會或組織的需求放在個人需求之前。因此，他們發揮的作用在很多方面上來說都是「英雄主義的」——這種方法更加接近於某些美洲印第安人所採納的領導才能模型。

如此說來，問題不是「組織該如何找到一位不犯

通往智慧之路

通往智慧之路？嗯，這不難

也很容易表達：

犯錯

犯錯

再犯錯

但少一點
少一點
再少一點。

圖13　通往智慧之路 ©Piet Hein Grooks

錯誤的領導者」，而是什麼樣的組織能夠生成一個支持框架，防止領導者犯下無可挽回的錯誤，確保組織能夠從錯誤中學到經驗，畢竟，人孰無過。不是「應該讓誰來領導我們？」，而是「我們想要建立一個什麼樣的組織？」以及「該如何建立這樣一個組織？」。失敗是學習的必要組成部分這一信條還表明，我們應該把領導者置於麻煩的局勢中，讓他們有必要擔風險、有可能犯錯誤、有動力學東西，方能發展成為合格的領導者。或者正如那句俗語所說：「良好的判斷力來源於經驗，而經驗則往往來自錯誤的判斷。」（此話的原創者眾說紛紜，包括馬克·吐溫和弗里德里克·P. 布魯克斯[3]。）那麼我們是否必須設計更多的機會讓失敗成為領導才能學習中的一個環節呢？圖13中皮亞特·海恩[4] 那首出色的詩作和漫畫，或許最能抓住這一方法的實質。

3　布魯克斯(Frederick P. Brooks 1931–)，美國軟件工程師、學者，1999年圖靈獎得主。他曾任IBM公司系統部主任，著有《人月神話》一書。該書被視為軟件工程的重要書籍。

4　海恩(Piet Hein 1905–1996)，丹麥數學家、發明家、設計師、詩人和作家。

第五章
領導者是誰？

THWαMPs

根據格拉德韋爾的說法，美國第29任總統沃倫·哈定也被公認為美國歷史上最糟糕的總統。他在任三年一事無成，而且威廉·G. 麥卡杜參議員曾說，一般來說，哈定的講話就是「一大套華而不實的辭藻遊移不定地找尋一個落腳的主旨」。哈定離職後，人們發現他在職那幾年沒少過醜聞和腐敗，然而他在任期內卻一直頗受歡迎。格拉德韋爾指出，這跟一個普遍存在的傾向有關：人們總是忍不住根據自己對某人的體格和性格的第一印象來判斷他有無可能成功。由於哈定是一位高大英俊(T&H[1])的原型領導者，又是一個自信(雖不無空洞)的演講者，人們自然而然地會覺得他能夠成就一番偉業，就像我們常常把組織的成功歸於個體領導者，但他們通常提不出什麼證據表明這一相關性能夠真正代表因果關係。事實上，體格和歸屬判斷之間有着很強的相關性。例如，格拉德韋爾自己在

1　T&H，tall and handsome 的首字母縮寫。

對財富500強公司進行分析後發現，大部分CEO都是平均身高稍低於六英尺的白人男性。事實上將近60%的人的身高不低於六英尺，而在其他美國成年男性中，這樣身高的比例只佔15%。那麼我們可不可以首先斷定，大部分西方領導者似乎都是高大英俊的白人男性，也就是THWMs[2]呢？

倒也未必。雖然人們普遍認為身高對領導者所獲的評價起到重要作用（越高越好），也確實有不少矮個子領導者。例如，本–古里安[3]身高五英尺（1.52米）；亞西爾·阿拉法特、聖雄甘地、金正日、侯賽因國王、尼基塔·赫魯曉夫和德米特里·梅德韋傑夫都只有五英尺三英寸（1.6米）；而女王伊麗莎白二世、佛朗哥、海爾·塞拉西[4]、西爾維奧·貝盧斯科尼、昭和天皇、尼古拉·薩科齊、斯大林、T. E. 勞倫斯和霍雷肖·納爾遜也都不到五英尺六英寸（1.66米）。另一方面，美國一直以來的研究表明，身材較高者的收入也高於身材較矮者——2007年，身高增加一英寸與收入增加1%存在正相關，膚色較淺者的收入也要高於膚色較深者。

儘管如此，重要的女性領導者打破男性主導模式的例子也歷來不少。例如在本書撰寫期間，聯合國192

2　THWMs，tall handsome with males 的首字母縮寫。

3　戴維·本–古里安（1886–1973），以色列第一位總理。

4　海爾·塞拉西（1892–1975），埃塞俄比亞的國王（1928–1930年在位）和皇帝（1930–1974年在位）。

個成員國中就有23位女性國家元首，何況早在公元前3000年就有女王統治埃及了。然而這些往往是例外，而例外的存在，恰恰證明了無論時空如何變換，男性主導始終是基本規則。

那麼如今看來，都是些什麼樣的人物在做領導者呢？卡普蘭的分析指向了一個更加臉譜化的模式——CEO們不光是THWM，還是典型的雄性領袖：好鬥、高效、堅韌、擁有特權且毫不妥協。這樣一來，我們就可以把縮寫詞改成享有特權、高大英俊的白人男性領袖了，也就是THWαMPs[5]（倒是比THWMs好念一點兒）。然而卡普蘭的數據源是私人股權公司的CEO們……看來也就是在我撰寫本書期間陷入金融災難的那個領域。或許這一人格類型能夠解釋為什麼，按照安德魯·克拉克的說法，在全球最大的保險公司AIG（美國國際集團）接受了美國政府850億美元防止破產的緊急救助貸款（2008年9月17日）五天後，該公司全體人員竟花費了44萬美元在加州的一家頂級海濱度假村休假一週。或者如眾議院監督和政府改革委員會主席亨利·韋克斯曼2008年10月8日對時任雷曼兄弟公司CEO的理查德·福爾德所說：「你的公司破產了，我們的經濟也陷入危機。但你還有4.8億美元。我要問一個最基本的問題：這公平嗎？」第二天，AIG又收到

5　THWαMPs，tall handsome white alpha-males (of) privilege 的首字母縮寫。

了美國政府378億美元的追加貸款；那一定又是一場盛大狂歡。事實上狂歡一定至今未停：1999年，英國CEO與員工的收入平均比例從47倍上升到128倍，利潔時公司CEO巴特・貝希特高居榜首，達到了1 374倍（貝希特2008年的收入為3 700萬英鎊，而這家總部位於斯勞的跨國公司的僱員平均收入為26 700英鎊——相當於英國的平均水平）。貝希特倒也不必擔心自己木秀於林：2007/2008年度，富時100公司中前25家公司的董事平均收入均超過了1 000萬英鎊（數據引自《衛報》）。

所以我們這裏真正需要關心的不是公平與否的問題，提出公平問題的言外之意可能是，與公司資源相比，平等對待追隨者才是領導者成功的要訣。那顯然不是事實。歷史上殘忍暴力、奴役剝削以及許多其他「不公平的」領導者通過猙獰惡毒的行為獲得成功的例子比比皆是。或許論證要從兩個方面來進行。第一，只有在與公平有着文化關聯的情境下，公平才是評價領導者是否合適的一個標準。在危機時期，例如在戰時，大多數追隨者大概會覺得生存比公平更重要。然而2008年10月，當全球股市遭遇金融危機時，以前人們關於公司成功比公平重要的論斷發生了逆轉，美國國會之所以遲遲通不過救市方案，原因之一就是因為人們認為這不公平——不該偏向據稱不惜損害納稅人利益的肇事方，即銀行家，還指望納稅人替

銀行家們自己犯下的錯誤買單。第二，回到本書第二章的論點，我們或許能夠看到，有效的領導類型取決於(1)當前提出要求的局勢如何，以及(2)某些領導者在架構和重構局勢時有多大的說服力，以便在呼籲多方採納他們本人提議的行動時，起到一呼百應的效果。

在許多國家，公平往往跟多樣性有關，而就在大多數這類國家中，頂層精英多樣性水平的標誌又往往是——多樣性。例如，《觀察家報》2008年10月進行的一次民意調查要選出英國100位最有影響力的黑人，評選委員會看似避免了老套的提名程序，以防名單裏充斥着黑人歌星和體育明星。相反，評選的依據是他們的「影響力」，其定義是：「改變事件走向和改善人們生活的能力。」男性中排名最高的是穆罕默德·易卜拉欣博士，這位創業企業家為將手機引入非洲做出了無可匹敵的貢獻。而女性中排名最高的是斯科特蘭女男爵，她在學校期間，曾有一位職業發展顧問跟她說，她職業生涯的頂峰差不多就是當上森寶利公司的主管。她後來成為英國第一位擔任王室法律顧問的黑人女性，2007年又成為第一位女性總檢察長。正如在該名單男性中排名第五位的英國平等及人權委員會主席特雷弗·菲利普斯所說：

必須證明少數民族社區中有人在公共生活中發揮重要作用，隨時願意承擔起整個社會的部分責任，

而不僅僅是狹義地關注少數群體的利益……人們有兩個刻板印象：憤怒的男黑人和苦難的女黑人，事實上我們大多數人不屬這兩類中的任何一類。如果人們不再覺得黑人就應該被歸於這兩個臉譜化的類型，他們或許能夠透過表面，也就是膚色，看到每個個體的內在特點，而不是將他們歸於某一個類別。這種思維練習能夠有所助益，必將讓很多人的生活發生重大改變。

在當前由巴拉克・奧巴馬主掌白宮的美國，2008年有色人種佔總人口的三分之一，或34%。但談到最高職位的政府官員的比例，比如國會議員，只有15%是非裔、拉丁裔、亞裔美國人或印第安人，只有24%是女性。非營利組織的情況也大同小異，84%的非營利組織是由白人領導的。此外42%的非營利組織只為白人社區提供服務。過去我們受到的教育讓我們以為，這個問題事實上最好以歷史視角來看待——顯而易見，西方領導者過去一直是白人男性，但這一點正在發生改變，雖然改變的速度很慢，但在不久的將來，我們定能看到管理精英群體的組成體現出更大的多樣性。但這並非不言自明的事實。

合作資產管理機構2009年進行的調查表明，富時350公司中只有3%的公司CEO為女性（只有四家公司的董事長為女性，佔1.3%），有130家公司的董事會層

級沒有女性。的確,女性在董事會席位中的比例只有9%,但這不可能是因為缺少平等機會政策,因為94%的公司都出臺了這類政策。2008年,女性在300家頂級歐洲公司中所佔的董事會席位只有不到10%,但過去幾年我們看到這個數字有少量增加,不是因為多樣性政策的穩步推行,而是另有原因;舉例來說,挪威的公司(自2003年起)有立法要求,法律規定每個公司的董事會必須有至少一名女性成員。事實上,挪威目前正在所有上市公司中推行40%的最低目標。斯堪的納維亞國家在性別平等運動中領先,但歐洲其他國家還有一定的差距。

在美國,專業和管理崗位中有一半是女性,但在這句肯定性別平等的籠統陳述背後,可以看到一個熟悉的規律:女性往往在慈善組織和公共部門中的代表性更高,而考察的級別越高,能夠看到的女性就越少。例如,財富500強公司中只有15位女性CEO。

當然,大多數公司董事會的女性人數不足與其說源自男性的偏見,倒不如說與這樣一個嚴峻的事實有關:女性在董事會中所佔比例與公司的財務表現偏弱之間存在相關性。這的確有可能是因為男性更勝任會計工作 —— 不過我很懷疑這種說法 —— 然而不管有多少家會計公司(英國的會計人員數目大大超過其他主要競爭對手;美國的律師數目也遠超別國),它們似乎都沒能幫助許多公司在2008年的金融危機中絕處逢生。

相反，我們應該關注「相關性」這個詞，把它與「因果關係」區分開來，因為在這裏，因果的方向至關重要，如圖14所示。

此圖表明，相對於男性獲得任命的一般情況而言，只有現狀糟糕得多時，女性才會獲得任命——這就意味着女性面臨的任務要艱難得多，也意味着我們可以在較差的業績與女性之間建立相關性——但事實是業績差導致了女性得到任命，而不是相反。的確，就任命之後的公司業績而言，許多研究都表明，男性和女性的差別微乎其微，但也有些研究表明性別多樣性與業績提升之間存在正相關——至少當董事會中的女性能夠勝任時是如此；而基奧恩還提到，由於過去數千年來女性一直受到排斥，關於領導者，她們會提出一套全然不同的問題。

我們該怎樣應對領導者群體缺乏多樣性的問題呢？說起來，那要取決於你站在什麼立場上。如果你就是一位希望保持現狀的THWαMP，那麼顯然沒什麼可應對的。但如果你覺得有必要做出改變，那麼還取決於你認為問題的根源是什麼。圖15再現了阿爾韋松和比林對性別不平衡問題的分類法。方框1代表認為兩性沒有差別，且出於倫理原因，應該改變現狀的人。這往往會引發立法變革，如前文提到的挪威政府的立法。方框2持同一種倫理觀，但認為兩性存在着根本差異，因此立法變革不會產生什麼成果。真正的解決方

相對的股市月度業績(%)

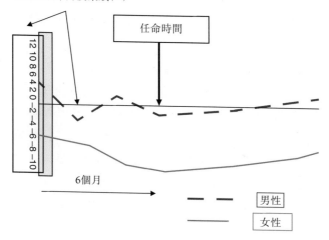

圖14 董事會中的女性與公司業績

案應該是讓女性創建另一類組織，的確，由於有些女性認識到在傳統的男性主導的組織中，那層玻璃天花板無法突破，近年來由女性創立的新企業的數目確實看似有所增加。方框3認為兩性基本上沒有差異，但採取了一種效率而非倫理態度，認為既然如此，就應該採納知識精英領導的做法，以免「浪費」女性的天分。最後的方框4是一種傾向於效率的態度，但認定兩性存在差異，且關注女性如何能夠為組織做出「特殊貢獻」。

現在關鍵是要認識到，問題的解讀與解決方案之間存在聯繫，因為它解釋了為什麼人們會提出不同的變革策略，以及如果這些策略失敗了，為什麼反對者會試圖重新架構問題，將其歸於不同的類別。事實上，我們不認為男性和女性之間存在很大差異，因為兩性在一般的智商測試中的結果，以及性格特質，都沒有明顯差異，甚至西歐和北美的女性往往還比其男性對手的成績更好。至於該如何解釋業績差異，似乎最重要的因素其實是不對稱的家務負擔、性別歧視以及先入為主的性別設定等現實原因，還有男性建立的工作網絡較強，更能確保其獲得更有挑戰性的職位並取得更好的業績。實際上，人們認為女性(其社交網絡往往強於男性)作為領導者要比男性更有同情心 —— 如果真是如此，這一行為特徵又被認為沒有男性領導者被普遍認為所具備的積極進取特徵那麼有力。當

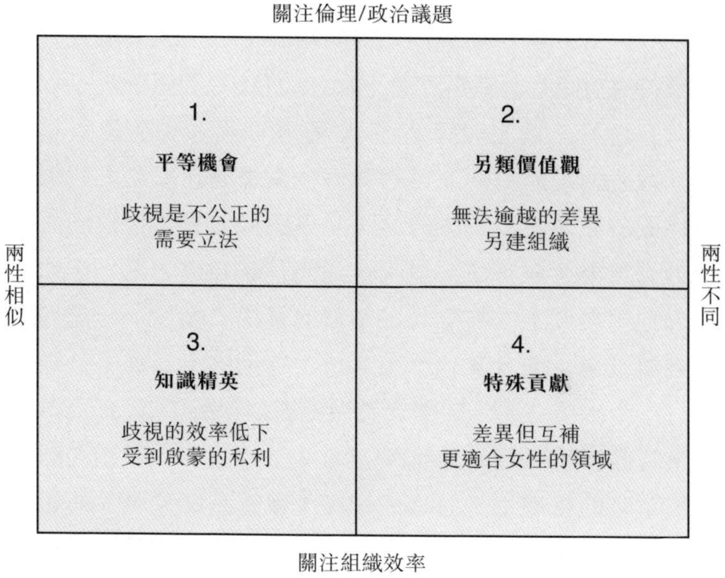

關注倫理/政治議題

1. **平等機會** 歧視是不公正的 需要立法	**2.** **另類價值觀** 無法逾越的差異 另建組織
3. **知識精英** 歧視的效率低下 受到啟蒙的私利	**4.** **特殊貢獻** 差異但互補 更適合女性的領域

兩性相似

兩性不同

關注組織效率

圖15　性別：因與果

然，有些女性領導者也會採納一種更有衝勁的風格，但這些行為往往又被看作「不得體」。無論如何，女性在取得成功的路上總要面對各種各樣的困難和障礙。

當然，這也給了有些人足夠的理由在事後宣稱「我說的沒錯吧」，因為我們似乎總是在頃刻之間做出關於領導者及其戰略的決定，因此如果支持他們而他們後來又成功了，對呀，我們早就知道的嘛。而如果他們失敗了，那就一定是情況發生了變化，一定有人搞破壞，或者其他什麼藉口。這倒也不新鮮。已經有不少證據表明，對領導者做出即刻判斷（不管正面還是負面）非常普遍。美國軍隊在第一次世界大戰期間選拔軍官的根據也是同樣的套路：被認為有吸引人的特質 —— 要麼是無可辯駁的 THWαMP 類，要麼只不過有「開朗可愛的性格」 —— 的申請者被認定為更聰明、更勇敢也更（得體地）積極進取。或者正如愛德華・李・桑代克[6] 所說，一見之下就會產生「光環效應」（或者說那些魅力稍遜的應徵者有「魔鬼效應」），這扭曲了人們關於其整體性格和潛力的推斷。

不妨考察一下如何將勝任素質模型套入上述情形。許多勝任素質模型的架構都建立在對現有領導者

6　桑代克（Edward Lee Thorndike 1874–1949），美國心理學家，心理學行為主義的代表人物。他從研究動物的實驗中領會到它們的學習過程，提出了自己的聯結主義理論：刺激（S）—反應（R）公式。他被認為是教育心理學的奠基人，著有《教育心理學》（1903）。

的勝任素質進行分析的基礎之上，然後再把它們精煉成一目了然的清單，再圍繞所需的勝任素質框架制定聘用方法。但看看這個過程吧：它利用現有的一群領導者，把他們的成功歸於據稱對成功起到重要作用的勝任素質。你八成已經看出來這裏面有循環論證的嫌疑了吧，沒錯。真正需要做的，是把成功和不成功的領導者群體，或領導者和追隨者群體進行比較，看看（成功的）領導者有哪些不同之處，再去追溯其與成功之間有無因果聯繫。否則，我們就不知道我們得到的是相關性還是原因。正如我們已經看到的，身為THWαMP可能與成功的組織相關，這當然可能是因為身為THWαMP是成功組織的前提條件，但也同樣有可能是因為成功的組織只會僱用THWαMP。所以，我們須有十足的把握確信現有的勝任素質框架的確是成功（或失敗）的原因，否則就要十分警醒，盡量不要採取這一途徑。

如果已經有了能夠反映人口構成的非常多樣化的領導群體，就無須擔心這個問題了——那就意味着多樣化的組織將不斷複製各自的偏見，因此多樣性還會繼續，但不會發生改變。不過，既然組織往往是由THWαMP領導的，我們可能還會看到下一代領導者中出現更多的THWαMP。這只是按照自己的形象進行選擇，還是另有原因？

社會認同理論

　　如果考察一下社會認同理論的功用，或許能對另一種解釋略窺一二。這一觀點認為，我們一貫傾向於把其他人歸為有利和不利這兩大類，前者是因為他們支持我們自己的身份認同，後者則是因為他們被認為是異類。這種身份認同過程在個人和群體層面都存在，因此在某些特定情況下，我們會把某些個人看作是群體的代表，而不是獨一無二的人。的確，個人身份「我」不可能離開社會身份「我們」而獨立存在。該理論繼而指出，一旦被歸類，我們會認為內集團(我們)內部的差異要小於內集團和外集團(他們)之間的差異。此外，內集團的規範和套路(多半是有利的)會產生特定的對比標準，來確保自我提升。例如，住在破爛廉價公寓裏的年輕姑娘們有可能會覺得超模們也不比自己強到哪兒去，而且根本無法在這樣艱難的環境中生存下去──這樣一來，該對比標準就重建了姑娘們自我提升的社會身份。

　　另外，整個過程產生了能夠效法群體社會身份的原型並導致其成員喪失個性，他們因為看上去如此相似而可以互換：我們定能就與集團有關的事務達成一致，我們往往會支持新制定的集團規範，我們還認為群體的利益高於自己的個人利益。結果，「我們」認為自己都具備那些正面的屬性，因而我們都一樣，而

對「他們」都持負面看法，在這一點上，「他們」基本上也沒有區別。這有助於讓我們對自身、對當前現狀和自己可能的行為不至於那麼沒有把握，對「他們」也是一樣。

這樣的原型很少被如此明確地表達出來，因此無法指望人們把它們寫成眾人一致首肯的清單；何況時過境遷，隨着情況發生變化，它們也會改變，如果群體成員身份變得更重要了——往往是在外來威脅面前，它們的重要性也會增加。對領導才能而言，其後果是那些最接近群體原型的成員有可能最有影響力——只要情況保持不變，他們就會成為領導者並一直擔任要職。既然這一影響力與原型而不是個人有關（雖然群體成員不這麼看），那就意味着一旦情況發生變化，就會產生新的原型，而這又解釋了為什麼原型偶像會突然喪失影響力。例如在1930年代，很多英國人認為丘吉爾是個危險好戰的特立獨行者，但當英國遭遇威脅時，他就成了自我認知的原型人物的完美代表——一個在危險面前堅韌不拔的勇敢的英國人，因此他變得很受歡迎，很快便官至首相。然而戰爭一結束，他的性格——並沒有改變——又被認為不符合戰後世界領導者的要求了。對於戰後英國來說，性格更加溫和包容的克萊門特·艾德禮才是符合需要的原型領導者。

因此，原型性取決於情境的穩定性，儘管如第二

章所述，任何領導者都可以將架構和重新架構「情境」作為自己的武器。不過，領導者們還是可以利用以下幾種強化原型模式的技巧來延長自己對局面的控制：

- 強化現有原型 —— 更像「我們」中間的一員，而不是代表某種「出眾的」特質或表現得像「他們」中的一員。
- 找出並打擊內集團的不軌之人 —— 這是把建設性或非建設性異見重新架構為「叛徒」行為的做法。
- 將外集團妖魔化，以分散人們對內部問題的關注。
- 捍衛集團 —— 彰顯對內集團成員的寵信，而無須在集團之間維持公平。

這樣一來，該領導者就有可能成為內集團的原型：

- 此人最能代表共同的社會身份。
- 此人能夠代表內集團成員共有的相似性 —— 將群內相似性最大化；並代表其與旗鼓相當的外集團的差異 —— 將群間差異最大化。
- 此人讓「我們」覺得自己不同於「他們」—— 且比「他們」優越。

2009年6月發生在伊朗的暴亂是很好的例子，表明這種觀念如何解讀領導者在受到脅迫時所做的決策。這還解釋了在面對壓力時，為什麼「群體思維」（群體壓制內部異見人士的傾向）在各個群體內部都能佔得上風，以及為什麼在較為穩定的組織和機構，少數派、非原型個人和群體很難突進領導崗位。

並非不可能，而是很難。事實上，當危機爆發時，原型領導者的地位通常得到了強化。例如，2008年夏，當戈登·布朗力圖為後布萊爾時代的工黨展示另一種願景時，他作為英國首相的地位受到了嚴重威脅。但2008年秋金融危機一爆發，工黨內部立即團結起來，尋找一個在金融危機時期最能滿足要求的原型人物並尋求其保護，所有要替代他的想法都被拋棄了——當時最合適的人選無疑是戈登·布朗，這位前財政大臣的臉上始終都是一副嚴厲、負責而認真的表情。然而諷刺的是，九個月後，當議會內部報銷醜聞爆發，同一位英國首相再次面臨強烈反對時，他卻未能履行財政「巫師獵手」的使命，因此當人們的不確定性減弱，便紛紛尋找替罪羊，解決方案當然是把所有的罪責都推到一個領導者——戈登·布朗身上。

但原型領導者的成功不只依賴於說服「我們」，讓我們相信我們不同於且優於「他們」，也在於說服「我」和「你」成為「我們」。幸運的是，那對領導者們而言倒是不難，因為它並不依賴於對「事實」的

理性分析，而是依據人們情緒化的且往往是無意識的反應。事實上，所要做的不過是本尼迪克特·安德森[7]所謂的「一點想像力」。他的意思是，既然我們永遠不可能知道其他人到底像「我們」還是像「他們」，只需想像一種情形即可。這樣一來，第一次世界大戰戰壕兩側的士兵們無論是在生活質量、收入、習慣還是其他方面，彼此之間都要比跟各自的領導者更接近一些，這一點就沒那麼重要了。真正重要的是「他們」顯然跟「我們」截然不同，而那就把「你」和「我」變成了「我們」，其凝聚力足以讓我們願意與「他們」作戰。

在英國和法國國家身份的建立中，這一點都發揮了重要作用，因為有足夠的理由表明，革命的法國軍隊在拿破崙的帶領下與惠靈頓麾下的英軍作戰之前，大多數英國國內的人會認為自己是英格蘭、蘇格蘭、威爾士或愛爾蘭人——而不是英國人。同樣，「法國人」或許覺得自己是布列塔尼人、諾曼底人或者各自故鄉隨便什麼地方的人——而不是法國人（確實如此，當時法國境內的大多數人不說法語，而是說某種地區方言）。然而，那場戰爭導致兩個國家彼此敵對，衝突促使拿破崙和惠靈頓走上了領導崗位，不僅成為

7　本尼迪克特·安德森（Benedict Anderson 1936–2015），美國著名學者，專門研究民族主義和國際關係，康奈爾大學榮休教授。代表作為《想像的共同體》（1983）。

作戰將軍，而且成為各自「新生」國家的原型人物。因此，我們在閱讀那段時期的文獻時，會看到兩位原型領導者代表各自的國家展開了相互競爭。人們不認為拿破崙和惠靈頓是兩個同樣位居高位的個人，而把他們看成是兩個死對頭國家的代表人物——這兩個國家正是在戰爭的嚴峻考驗下形成的。以下形容性格特徵的詞匯表說明了這兩個人和國家是如何逐漸被認定為敵對雙方的。

最後讓我們回過頭來重新考察本章開頭提出的問題。在本章開頭，我們討論了沃倫·哈定是一個頗受歡迎但效率很低的領導者，以及產生光環的第一印象會讓我們對領導者的解讀發生偏差。那就意味着我們

惠靈頓	拿破崙
喜歡獨處	喜歡與民同樂
頑固不化	富有想像力
後勤保證	戰略先行
紳士	新貴
腐敗瀆職	天賦異稟
自由	平等
穩定	動盪
謹慎	冒險
將士兵視為「人渣」	將士兵視為「家人」
實用主義者	中央集權者
謹小慎微	志向遠大

需要對微觀領導的議題非常小心才是。這是指我們或許太過關注領導才能的理性方面——願景、政策、領導者的經驗——而不夠關注領導行為的情感層面，即人們如何詮釋很小的行為、話語、眼神、身體語言等等。當然，關於情商的著述堆積如山，對情商一詞的解釋也千差萬別，但我們應該意識到，情商高的人並不比情商不高的人在道德上更優越。例如，希特勒就是操縱他人情感的高手，但這可沒讓他在客觀上變得道德。何況正是因為情感是非常有力的動員因素，我們才應該對其重要性加以限制——畢竟，那是我們為什麼要生活在一個法律體系內，而不是任由某個暴君憑藉自己的喜怒操縱我們的原因所在，對所有不喜歡暴君的人來說，他的情商再高，也只能是負資產。然而我們還是更喜歡那些能夠記住我們的名字、能讓我們感覺更親切的領導者，而不喜歡那些連屈尊說一句「你好」都不肯，卻有一套精細的政策來應對這個我們根本不懂的複雜世界的領導者。的確，他們一點兒都不像「我們」；他們更像「他們」。

第六章
領導者是如何領導的？

關於特質、斯克魯奇和錦鯉

諸位或許還記得第三章中提到的被公認為第一位「現代」領導才能學者的托馬斯·卡萊爾和他的「偉人」觀點。但既然這種觀點的經驗支持極其有限，理論依據又明顯不足，為什麼它至今仍有眾多擁躉呢？毋庸諱言，原因之一就是許多人至今還在為複雜問題尋找簡單的解決方案：當信貸緊縮開始破壞整個經濟基礎時，我們不去深入考察形勢的複雜性，反而更想找到一個替罪羊(我們會在下一章再回來考察這種現象)。尋找英雄(及反派)還能讓我們逃避責任，對領導者保持一種巨嬰心態，這種心態很可能源自我們幼年時期與父母或類似權威人物建立的關係。

儘管如此，到第二次世界大戰結束之時，為應對戰時軍隊中軍官選拔過程出現的問題，早期的特質理論有了一定的發展演變，開始提出不同於「偉人」理論的其他道路。這些早期理論指出，領導者擁有不同於非領導者的特殊素質/品質，這些似乎包括：

- 健談；

- 聰明 —— 但領導者和追隨者之間的智商差異不能太大；

- 主動性和承擔責任的意願；

- 自信；以及

- 善於社交。

但沒過多久，人們就明顯看到，這些特質需要放在特定的情境之中，方能被認定為影響領導才能的重要因素。的確，另一個明顯的事實是，很多得出負相關結論的研究尚未發表，因而整個領域存有偏見。儘管每一項研究(跟當代的勝任素質模型一樣)產生了明顯不同的特質，人們仍然堅持想當然地認為，只要我們考察得足夠深入，就一定能發現傳說中的金獎券 —— 那一串真實存在的特質。然而既然我們很少把成功和不成功的領導者放在一起進行對比，既然我們很少擁有無可爭議的證據來證明領導者的行為對組織業績提升起到了客觀上可以衡量的作用，就仍然有兩個問題亟待解決。

首先，對勝任素質的測試是客觀的嗎？例如，第二次世界大戰期間，平民進入美國武裝部隊各部門服役之前進行的智商測試系統，就跟任何教育或其他智商測試一樣漏洞百出 —— 其結果表明經過測試的人中有四分之一是文盲，而一半白人和90%美籍非裔人士的智力年齡還不足13歲。由於那些測試包括像「斯克

魯奇Scrooge是以下哪部小説中的人物：《名利場》、《聖誕頌歌》、《羅慕拉》還是《亨利五世》？」以及「哪一個術語被用於指代文藝復興時期藝術的空間透視法？」這樣的問題，我們可以確信，這些測試根本未能體現出很強的科學和文化客觀性。但現實結果是一直到戰爭即將結束之時，大多數美籍非裔士兵才得以進入直接作戰部隊。

其次，到現在為止，我們甚至根本沒有關注追隨者。如果有一個根據特質來説天賦極高的領導者，但一群下屬根本沒興趣追隨該領導者，又當如何？於是就產生了另一個問題：特質表現為某一個人所持的資產，而領導才能是一種關係。這有點像從商業水族館中買來最好的錦鯉，但忘了家中根本沒有水塘來養它。

行為/風格方法

就在盟軍部隊還在忙着羅列選拔軍官的一長串特質的同時，庫爾特·萊溫[1]開始了一套實驗，想看看領導者的行為，而不是他或她的特質，對組織成功有無任何影響。萊溫本人就是從納粹德國逃出來的。在其著名的「少年俱樂部實驗」中，萊溫總結道，一般

1　庫爾特·萊溫(Kurt Lewin 1890–1947)，德裔美國心理學家，現代社會心理學、組織心理學和應用心理學的創始人，常被稱為「社會心理學之父」，是群體動力學和組織發展研究的先驅。

來說，當獨裁領導者在場時，少年們（追隨者們）會服從他的領導，而當他不在場時，他們就會逃避勞動。相反，採取自由放任做法的領導者無論在場還是不在場，少年們都不會幹多少活兒，而民主領導者無論在不在場，都能讓（大致）一半少年富有成果地勞動。結論是，民主的領導者能在追隨者中產生最高的滿意度——但同時指出，效率最高的追隨者還是在獨裁者當場強迫下勞動的那一群人。

這種對滿意度和生產效率的區分後來成為很多研究的基礎。密歇根大學的研究表明，領導者要麼是生產導向——其追隨者被看成是生產要素，是為達到某一目的所使用的手段；要麼是僱員導向——其追隨者被看成是一項關鍵的資源。俄亥俄州立大學對空乘人員行為的調查後來又再現了這一基本的任務/人員之間的二元對立（不過他們稱之為「定規」和「關懷」），並得出結論，領導者能夠同時進行兩種活動，而不必做出非此即彼的選擇。布萊克和莫頓[2] 在其「管理方格」中很好地體現了這一二元對立，圖16就重現了該管理方格。其中，領導者要麼脫離任務和人，體現出一種「貧乏型」風格；要麼對人而不是任務表現出較大關懷——彷彿他們在領導一個鄉村俱樂部，其存在

2　指羅伯特·布萊克(1918–2004)和簡·斯萊格里·莫頓(1930–1987)，兩人在1964年出版的《管理方格》（1978年修訂版改名為《新管理方格》）一書中提出了「管理方格理論」。

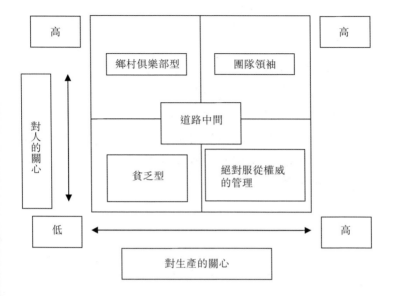

圖16　布萊克和莫頓的管理方格

的唯一目的是為成員謀福利；要麼可能不顧及人的需求而只關注任務 —— 這是一種絕對服從權威的管理風格；他們當然可以採取圖表正中間的做法，或者最後一種，就是對任務和人同時表現出極大的關懷，採取「團隊領袖」的工作作風。有趣的是，自1960年代中期問世以來，這一方格就頗受歡迎，但其關於團隊領袖是可能的亦是最優的管理風格的關鍵假設，迄今還沒有顯著的實證支持。

權變理論

就在管理方格開始流行的同時，隨着關注焦點從領導者的風格選擇(任務或人)轉移到情境能夠在多大程度上決定哪一種風格實際有效，發生了另一個明顯的觀念轉變 —— 這就是權變理論的起源。

弗雷德·菲德勒[3]以他的「最不受歡迎同事」評價方法開啟了這場變革，其保留了任務/關係的二元對立。菲德勒假設領導者們要麼看重任務要麼看重關係，且這一點是無法改變的，但該傾向是否有效，取決於情境是否有利。因此這可以進行如下定義：

- 領導者的職位權力 —— 領導者評價和獎勵業

---

3 弗雷德·菲德勒(Fred Fiedler 1922–)，美國華盛頓大學的商業和管理心理學家，20世紀工業和組織心理學首屈一指的研究人員之一。

績、懲罰錯誤並對群體成員進行降職處理的合法權限；

- 團隊任務的結構 —— 完成工作的規則、條例和程序的數目和明晰度：結構越周密複雜，領導者就越能更好地把控；
- 領導者–成員關係：要麼積極，要麼消極。

這些變量繼而會生成有利、不利或中性的情境。

- 有利的領導情境包括：
- 任務結構周密複雜；
- 職位權力很大；
- 領導者–成員關係良好。

在此情境中，群體期待直接被告知應該做什麼，而不希望被徵詢意見，因此任務導向的領導風格最為有效。不利的領導情境包括：

- 任務結構零散混亂；
- 沒有多大的職位權力；
- 領導者–成員關係糟糕。

在此情境中，群體也同樣期待被告知應該做什麼而不希望被徵詢意見，因此(仍然是)任務導向的領導

風格最為有效。只有在中性情境中——也就是位處有利和不利情境之間，因而領導者有適度的權力、適度的支持和較為複雜的任務時——才有必要徵詢意見以確保被採納，在且只有在這種情境下，關係導向的領導風格才最為有效。

那麼當領導者們發現自己處在「錯誤」的情境中又當如何呢？這麼說吧，由於領導者無法改變自身的傾向性——這是菲德勒的觀點——他們所能做的只有試圖改變情境。何以如此？為什麼在有利或不利的情境下，追隨者們需要的都應該是任務型領導呢？菲德勒的解釋是，這一切並非都能解釋清楚；的確有一個「黑匣子」在起作用，所以我們不知道何以如此，但事實的確就是這樣。更合適的說法是，它在一定的限度之內有效：至少現在情境是人們的關注焦點，也就是說我們家裏有養錦鯉的水塘，這就意味着，領導者或許很難在一切情境中都獲得成功。但我們尚不清楚某種性格設定能否預測行為，遑論領導成功與否，而且我們看似仍然沒有太過關注追隨者的性質或其與領導者的關係。此外正如第二章所述，領導者之所以能夠成功，部分取決於他們能夠重新架構「情境」，令其看似不同，並因而可以作不同的解讀。

赫塞和布蘭查德[4]的「情境領導才能理論」顯然認

4　行為科學家、企業家保羅・赫塞(1931–2012)和美國作家暨管理專家肯尼斯・哈特利・布蘭查德(1939–)。

可領導才能中確實存在上述多個變量，但他們認為，領導者根本不可能處理這麼多錯綜複雜的信息，因而應該關注最重要的變量——領導者與追隨者之間的關係，因為如果追隨者決定棄領導者而去，再說什麼都是枉費口舌。這繼而促使他們指出，領導者的行為應該根據追隨者的成熟水平加以調整——後者會隨着時間發生變化，且往往遵循以下軌道：

1. 無能力無意願——最不成熟：告知/指令型領導風格。
2. 無能力有意願：宣傳/指導型領導風格。
3. 有能力無意願：參與/支持型領導風格。
4. 有能力有意願——最成熟：放權型領導風格。

實踐證明，這是高管市場上最成功的領導才能模型之一：它直觀、簡單而易懂，但它的問題同樣是很少有實證支持它的有效性。一個原因是，這一模型意味着其所關注的追隨者總體成熟水平有可能根本不存在；換句話說，追隨者們所代表的成熟水平不一，不會僅僅反映為一個總分常模。另一個原因是他們並沒有闡明其所謂的「成熟」到底是指什麼——它跟信心、技能、努力、動機、順從有關嗎？如果是這樣的話，這些變量的權重又各是多少？此外，我們這裏使用的是誰對於追隨者成熟度的解讀：是領導者的，還

是追隨者的？領導者的(不)成熟又當如何 —— 誰說他們跟這一等式無關了？

在「領導-成員交換理論」—— 這個術語最初的叫法更加魅誘：「垂直對子聯結理論」—— 看來，領導者無法跟追隨者們建立一種「均衡」的關係，相反，他們跟不同的下屬建立不同的關係，但隨着時間流逝，這些關係可以分成兩個明顯的類別，每個類別都是通過領導者的初始行動而建成的。一是內集團，領導者會給他們更多的自治權，讓他們更多地負責結構散亂的任務，如果集團對此反應積極，那麼會有更多的互惠行動來確認這一集團的成員們就相當於行政長官的「代理人」。但如果領導者沒有讓其他下屬看到同樣的可能性，或者如果領導者認為他們的反應不夠有建設性，那麼久而久之，這些下屬就會變成「外集團」，也就相當於「臨時工」而非代理人。這一集團跟領導者的關係純粹建立在合同(或交易)的基礎上：他們到點出勤、工作敷衍、按勞領薪，回到家裏就把工作拋諸腦後了。不過，雖說他們不用像內集團成員那樣承擔繁重的工作職責，他們對自己的就業前景卻沒有把握 —— 因為他們將是最先丟掉工作的一批人。

同樣，這一直覺觀念迄今也只有極少量的實證支持，何況外集團成員的憤怒有可能會抵消領導者與內集團建立良好關係所帶來的裨益。此外，如前一章所述，外集團很少能夠代表與內集團的原型化相關的特

徵，雖然其建立往往會對整個組織的有效性起到反作用，但它事實上或許是群體的一種「正常」反應，甚至是社會生活不可避免的一個方面。因此對於領導者來說，成功的真正秘訣是不是既能繞開所有這些問題領域，同時又能把盡可能多的集團成員動員起來？

或許是吧，或許最複雜的權變方法就是與羅伯特·豪斯[5]的途徑 —— 目標理論有關的方法。這裏，領導者的任務是為追隨者鋪平通往共同目標的道路，他要清除路障，還要利用以下四種領導行為風格之一，來達到動員追隨者的目的：

1. 指令型領導，他們會傳達自己的期望值，要求人們遵守規則，從而按照明確的業績標準，按時完成任務。

2. 支持型領導，他們會表達對追隨者需求和福利的關懷，創造一種彰顯相互支持和相互尊重的氛圍。

3. 參與型領導，他們會與追隨者分享自己的決策權。

4. 成就導向型領導，他們會設定較難實現的目標，期望達到很高的業績水平。

---

5 羅伯特·豪斯(1936–2011)，賓夕法尼亞大學沃頓商學院組織行為學教授。

相應地，領導者的影響力也取決於兩套變量：工作環境(情境)，包括任務結構、工作團隊和授權體系；以及追隨者，包括他們的能力水平(以及對自身能力的認知)、其對於獨裁權力的態度、對歸屬感的需求、對結構的需求以及控制點(有強烈內控傾向的人認為自己能夠控制事件的發展，因而更喜歡參與型領導；外控傾向較強的人則認為事件是由命運或運氣等因素決定的，更喜歡指令型領導)。

　　該模型的因果解釋源於期望理論，後者認為當以下三個因素確定時，激勵是在努力程度給定時的一個理性選擇：

1.　完成任務的可能性(期望)，
2.　受到獎勵的可能性(效價)，以及
3.　避免不理想結果的可能性。

　　在這種觀點看來，任何領導者採用或綜合採用任何風格都無關緊要 —— 所以它不是一種特質方法，而是一種適應行為方法。不過，存在一種假定的傾向 —— 大多數人都有其偏愛的風格，該風格有可能適合、也有可能不適合形勢的要求。如果看到這裏，你已經開始被這麼多變量搞得暈頭轉向了，圖17嘗試以圖表的方式說明得直觀清楚一些。

　　所有這些表明，領導者的行為應該與追隨者的要

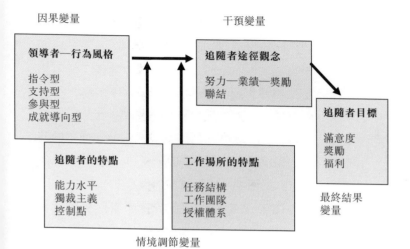

因果變量 　　　　　　　　　　干預變量

領導者—行為風格

指令型
支持型
參與型
成就導向型

追隨者途徑觀念

努力—業績—獎勵
聯結

追隨者目標

滿意度
獎勵
福利

最終結果
變量

追隨者的特點

能力水平
獨裁主義
控制點

工作場所的特點

任務結構
工作團隊
授權體系

情境調節變量

圖17　途徑—目標理論

求和形勢的特徵相匹配，他或她應該選擇適當的領導行為風格來幫助追隨者實現其目標。因此：

- 模棱兩可的任務需要指令型領導，以減少不確定性，並增加成果實現的概率和可取性；
- 壓力重重、乏味無聊、沉悶冗長或充滿危險的工作環境需要支持型領導，以提升自信、減少焦慮，從而增加成果實現的概率和可取性；
- 當追隨者有被賦能的意願時，需要參與型領導；以及
- 當追隨者有較強烈的成就導向時，則適合成就導向型領導。

看起來這倒是相對直觀——那麼背後有什麼隱患呢？這麼說吧，有三重隱患。第一，這麼多變量堆積起來，可能會讓人對領導才能進行考察無從下手：即便我們能夠獲得客觀的標尺來衡量其中的每一種變量，等到把數據收集完整了，情況很可能又變得面目全非。第二，即使這意味着可以在衡量人類行為時具備一定的客觀性，我們似乎也很難客觀。第三，事實上追隨者希望從領導者那裏獲得的東西可能非常相似——他們希望被認可、被保護。問題是領導者——當然幾乎每一個領導者在等級結構的不同層面上同時也是追隨者——看到的是一個全然不同的「現實」。

領導者往往認為完成任務是至關重要的，而且儘管領導者可能很關心追隨者，但他們(因心系任務而始終採取)的寄望姿態仍然會被追隨者看成是對自己漠不關心。諷刺的是，正是這些(對追隨者)「漠不關心」的領導者，往往認為位於自己之上的領導者同樣缺乏對追隨者的關注。這一普遍傾向是否也能夠解釋為什麼追隨者們總是對魅力型領袖萬分景仰呢？

魅力型領導

魅力是一種「天賜的能力或天賦」，其詞源是希臘詞語*Kharisma*，來自*kharis*，意為「天恩」或「恩惠」。事實上，大多數人如今都用這個詞來指代某個非同尋常之人，其所擁有的某種品質或威信能夠對很大一群人產生影響或給後者以激勵。在就魅力問題撰寫過重要文本的德國社會學家馬克斯·韋伯(Max Weber)看來，這些人的威信是大多數人無法理解的，也是非常罕見的。因此韋伯所寫的魅力——我應該稱之為「超凡魅力」——並不是指個性較強的人，而是指那些能夠以某種神奇的方式將追隨者們煽動起來的人。從本質上說，這是一種非理性的情感現象，其擁有者有一種「天命」，一種全身心投入某一目標的精神。那或許也能夠解釋為什麼魅力型領袖大多是男人——因為危機時刻(該危機往往與某種戰爭有關)

通常會更有利於那些掌控軍隊的人，那些人過去是、至今仍然多半是男人。至於人所共知的女性魅力領袖——例如布狄卡[6]、聖女貞德以及英女王伊麗莎白一世——也都與軍事戰鬥有關。以聖女貞德為例，她不僅帶領士兵在戰鬥中打敗了英軍，就連她的相貌也是男性化的。

韋伯將權力與權限加以區分，以此為魅力型領袖闢出了一塊概念空間——權限在追隨者眼中始終是合法的，但權力卻不一定——此外他還對三種不同的權限進行了區分。傳統的權限是在追隨者追隨領導者時發生的，因為他們始終都會追隨——或許君主的追隨者最能代表這一類；理性——合法權限的最佳範例是官僚體系，其追隨者之所以追隨，是因為這樣做是理性的，而不是因為這是他們一以貫之的做法；以及魅力型權限。而魅力型領袖之所以獨一無二，是因為他們有能力吸引追隨者，後者為此人的超驗權力獻身，因為它似乎有可能為某種社會危機提供某種激進的、前所未知的解決方案。事實上，韋伯舉的例子幾乎都是宗教領袖，他大肆宣揚他們的天命、宿命，這些都表現為各種神跡以及預言的兌現。在韋伯看來，魅力

6　布狄卡（Boudicca　？–61），英格蘭東英吉利亞地區古代愛西尼部落的王后和女王，其丈夫普拉蘇塔古斯是愛西尼人的統治者。普拉蘇塔古斯去世後，羅馬人搶去了他們的土地，她自己受到毒打，國民要交重稅，兩個女兒更被羅馬人強姦，因此她領導了不列顛諸部落反抗羅馬帝國佔領軍統治的起義。

型領袖是「非強制性權限」的唯一形式 —— 不過要說在天堂和萬劫不復的地獄之間做出選擇屬非強制性選擇，這種想當然的說法也尚有疑問。此外，由於魅力是某個人內在氣質的表現，它往往會隨着那個人的死亡而消失，卻能夠通過某種制度而變成慣例，教會就是這樣一種制度。

僅僅因為韋伯的魅力型領袖能夠極大地煽動起追隨者，並不意味着他們必然是革命的。的確，他們有可能是反動的，力圖讓社會回到某種過去的狀態，但他們往往二者兼而有之 —— 力圖昨日重現，但這麼做的途徑卻是創造一個全新的未來。關於主張變化的領導才能，這裏有着重要的教訓。通常我們會想當然地認為，變化都是向前進而將過去拋諸腦後，但韋伯的論述表明，成功事關一種雅努斯[7]式的二者兼具的能力。以1933年德國大選為例。各保守黨派重溫昔日榮光，執政的社會民主黨發起了一個類似於「那並不會讓情況有所好轉」的宣傳，而共產黨堅定地要將德國帶入烏托邦的未來。只有納粹黨將三種視角合而為一：德國可以重現昔日榮耀，但不是回到過去，不是維持現狀，也絕不是拋棄過去，去追求神秘的共產主義的未來道路。而必須把舊日的榮耀本質帶入另一種納粹描述的未來，從而拒絕現在，拒絕共產主義的未來，重現昔日。因此韋伯的魅力型領袖 —— 他曾警

7　雅努斯，羅馬神話中的門神、雙面神。

告過魅力型領袖很有可能會破壞注重理法的德國現狀——往往是保守的革命者，意欲「在危機時刻告別現在，重拾往日」。

支持者的這一情感奔湧還意味着領袖魅力能在深層次破壞穩定，其本身就是一種不穩定的力量。在某種程度上，追隨者可以通過加入其領袖的組織，來分享他或她的魅力——雖然這會持續多久取決於該魅力型領袖能否繼續為所欲為地實現令人矚目的奇跡。想想政治領袖、名人、足球教練、電臺主持人等，他們一時被擁戴為天賦異稟，一時又象徵性地(有時還是真實的)被萬眾唾棄踩在腳下，就恰恰證明了這一特點。

另外還應予以考察的是，人們在遭遇巨大危機時，總是熱切地相信魅力型領袖能救他們於水火，而當我們沒有遭遇這類危機時，還會在電影和小說(例如《哈利·波特》系列、《指環王》等等)中發明危機，彷彿我們自己的生活不僅俗務纏身，而且黯淡平庸得難以忍受。正是出於同樣的原因，很多親身經歷軍事戰鬥的人往往會懷念自己「光榮的往日」，戰爭的苦痛的確讓他們着迷。或許就是因為這些，魅力型領袖往往堅信自己肩負着由他人設計的某種宿命。正如丘吉爾在1940年就職時所說：「這不可能是偶然，必然是設計。這個職位就是為我準備的。」魅力或許還能

夠解釋阿克頓勳爵[8]在寫給曼德爾·克雷頓[9]主教的信（1887）中的那句格言：「權力導致腐敗，絕對權力導致絕對腐敗。偉人幾乎總是壞人。」

如果說韋伯關注的是我所謂「超凡魅力」的特殊性質，許多那以後的學者則辯稱，韋伯的概念無法被具體化並用於一種二元結構中——意指你要麼有魅力，要麼沒有，非此即彼。相反，很多人選擇將魅力看作一種連續統一體，更接近於外向的個性而不是韋伯所關注的超人。在這類關於（普通）魅力的論述中，個人（領導者）與追隨者之間的關係建立在一種根深蒂固的共同意識形態（而非物質的）價值觀上，魅力型領袖們之所以能夠實現宏圖偉業（而不是奇跡），是因為追隨者無比忠誠且高度信任他們的領袖。在這類情形中，追隨者願意為了某種共同願景而犧牲個人的利益，永久的危機和永久的奇跡一樣毫無存在的必要。

這倒是跟變革型領導有着怪異的相似之處，後者最初是由麥格雷戈·伯恩斯[10]提出的，他認為變革型領導既不同於魅力型領導，也不同於交易型領導。在麥格雷戈·伯恩斯看來，交易型領導僅限於領導者和追隨者之間的交換關係——至於那種交換是經濟的

8　阿克頓勳爵（1834–1902），英國歷史學家，自由主義者。

9　曼德爾·克雷頓（Bishop Mandell Creighton 1843–1901），英國歷史學家，英國國教會主教。

10　麥格雷戈·伯恩斯（MacGregor Burns 1918–2014），美國歷史學家和政治學家、總統傳記作者和領導才能研究領域的權威。

（如薪水）、社會的（如升職）還是心理的（如友誼），則無關緊要，它就是一種交換，非常普遍且效果相當有限。相反，變革型領導根本不是交換過程，而是在變革型領導者為追隨者灌輸一種超越其自身利益的價值觀時發生的。當然，魅力型領袖或許也跟其追隨者有一種交換關係，但那是基於身份的交換。不過，要想將追隨者的目光從日常生活提升到非凡境界，就需要魅力，但並非所有的魅力型領導都是變革型的。在麥格雷戈·伯恩斯看來，其意不在變革的魅力型領袖是「權力行使者」，也就是說，領導者從追隨者那裏獲得了承諾，滿足了領導者而非追隨者自身的利益。最後，權力行使者往往會誘導追隨者對其產生較大的依賴性，而變革型領導的原則看似相反，是為追隨者賦權而不是奪取後者的權力；是確保他們依附於一種理想體系，而非服從理想化的個人。

很多人步麥格雷戈·伯恩斯的後塵，扎萊茲尼克[11]區分了心理上「健康」和「不健康」的領導者，豪威爾更喜歡區分「社會化」和「個性化」的領導者，而巴斯則對「純粹的」和非純粹的，即「偽變革型」領導者加以區分。在我看來，問題是所有這些區分都源自觀察者主觀的倫理觀念 —— 由於我們不贊同某些特

11　扎萊茲尼克(Zaleznik 1924–2011)，組織精神動力學和領導才能精神動力學領域首屈一指的學者和教師，曾在哈佛商學院任教40年，去世前為哈佛商學院榮休教授。

定的領導者，就給他們加上不健康或不純粹等標籤。
但這並未抓住魅力的要點所在：學術觀察者不為宗教
狂人或政治惡魔的誘惑所動，這無關緊要，重要的是
是否有追隨者被他們煽動起來。在這種情況下，我們
要做的不是無視魅力型領袖的倫理維度，而是要問問
我們自己，追隨者們是否相信其魅力型領袖所行之事
符合倫理。

　　這還意味着我們需要對魅力型領袖非常警覺。他
們或許在危機時分必不可少，但如果危機的解決會破
壞他們的權威，他們有可能會受到驅使，將危機一直
維持下去。他們或許擁有極大的煽動力，但其所追求
的事業並不一定是我們擁護的。他們或許的確能發揮
作用，打破躊躇未決的僵局，但隨着他們的消失，他
們的成就是否可持續？抑或作為天賦異稟的個人，他
們本人的行動是否恰恰破壞了眾人進行可持續行動的
可能性？在下一章，我將考察後者，即追隨者——他
們在整個體系中有無作用？如果有，是什麼作用？

第七章
追隨者又如何？

　　英語的「追隨者」一詞源自古英語詞*Folgian*和古挪威語詞*Fylgja*，意指陪伴、幫助或者——這個有點諷刺——領導。相對而言，它的前三種定義是正面的：

1. 接受另一個人領導的一個普通人。

2. 步他人之後塵或緊隨其後的人。

3. 追隨的人；追蹤者，隨從，信徒，依附性夥伴，侍從。

　　然而在以下這幾個定義中，「追隨者」一詞的負面形象就更加清楚地凸顯出來了：

4. 通過亦步亦趨地遵循某個過去被證明有效的簡單程序來彌補經驗匱乏或天生愚鈍的個人或規則系統。

5. 甜心；假裝純情但性經驗豐富的女子。

6. (蒸汽機)活塞的可拆卸法蘭。

7. 機器上的隨動裝置。

8. 蓋爾語：姓氏後綴agh或augh＝「……的追

隨者」，例如Cavanagh意為「Kevin的追隨者」。

　　熟悉英國喜劇演員哈里・恩菲爾德創作的人物「凱文」——那個可怕的少年就是個「不高興」兼「沒頭腦」——的讀者一定會注意到，在超凡的「領導者」看來，追隨者的角色實在微不足道。的確，在列舉正式領導者所必需的特質時，班裏的學生通常會列出一長串的性格特徵：魅力超凡、精力旺盛、富有遠見、膽識過人、寬容大度、善於溝通、「風度翩翩」、一心多用、善於傾聽、決斷果敢、擅長團隊建設、「高屋建瓴」、策略技巧豐富，諸如此類。沒有任何兩個學習領導才能的學生或領導者所列的清單看起來完全一樣，關於哪些特質或性格特徵或能力是必要的，哪些是可有可無的，迄今未能達成共識。確乎如此，列舉清單最有趣的一點就在於，到清單完成之時，擁有這麼多技能之人的唯一可能的標籤就是「神」。先不論那些特質是否自相矛盾，通常任何人都不可能說出哪個領導者至少在相當程度上擁有全部特質；然而顯然，所有這些特質都是一個成功的組織所必需的。因此我們就面臨這樣一個悖論：擁有這一切的領導者——全知型領導者——根本不存在，但我們似乎很需要他們。的確，我們經常聽到有人抱怨領導者，有人呼喚更多更優質的領導才能，以至於如果

有人假定確實存在過一個遍地都是好領導的美好舊時光，也情有可原。遺憾的是，翻遍領導才能檔案的角角落落也找不到這樣一個黃金年代，而人們對這種時代的嚮往倒是自古皆然。類似這一「領導浪漫史」的都市傳奇——曾經有過一個時代，刃迎縷解、剖決如流的英雄領袖據說比比皆是——不光是錯誤觀念，而且全然背道而馳，因為它所建立的領導才能模型幾乎無人能夠企及，因而抑制了領導才能的發展，如此而已。這樣說來，我們總是能看到這樣的招聘廣告也就不足為奇了——比方說招聘校長吧，其成功與否要麼完全超出個人的奮鬥範圍，要麼明顯就是參照超人或神奇女俠的標準確定的，以至於只有凌波微步的「水上漂」們才有資格去應聘：羅馬人的「人孰無過」這句格言大概都把這些領導者排除在外了。

對於這類招聘問題，或者當代商業首席執行官、公共部門或非營利組織主管的已知弱點，傳統的解決方案是要求提高招聘標準，以便挑出「庸才」不要，剩下「賢才」來擔當起轉危為安的大任。然而這非但未能解決問題，反而生發出新的問題。另一種方法或許是着眼現在，而不是憑空憧憬：承認所有的領導者——因為他們是凡人肉身——都是有弱點的個體，而不是把每個領導者都看成是我們的理想的化身，也就是符合我們這些肉體凡胎、差強人意的追隨者們希望的樣子：完美。前一種方法就像一隻「白象」——

符合字典裏對這個詞的兩種定義：其一是本身即為神祇的神秘獸類，其二是耗神費力、有勇無謀的徒勞之舉。說起來在泰國歷史上，國王會把得了白化病的大象賜予他最不喜歡的貴族，因為飼養它需要的特殊飲食和宗教規制，足以讓這位貴族破家蕩業。

白象也可以體現柏拉圖對領導才能的看法，因為在他看來，最重要的問題是「誰應該領導我們？」。答案當然是我們中間最有智慧的人：擁有最多知識、技能、權力，各類資源都最為豐富的人。這樣的觀念呼應了我們當前尋找全知型領導者的篩選標準，不偏不倚地指引我們去選出魅力超凡、卓爾不群的人物，其威望素著、遠見明察、出群拔萃，讓我們以往為該職位招聘的平庸鄙陋之人全都相形見絀——雖然說來也怪，選拔標準是一以貫之的。除非新任領導者的確是柏拉圖所說的智慧超拔的哲君，否則他們遲早也會失敗，屆時整個鬧劇還將重來一遍，結果多半也無甚差別。

當然在柏拉圖看來，領導者很可能都是男人；畢竟希臘的女人們連自己城邦的公民都算不上，不過柏拉圖也曾親口表示，理論上，女人也有可能滿足領導才能的一切內在要求。自柏拉圖的時代至今，關於性別在領導才能中所起作用的假設已經是天壤之別，但事實證明，領導者中女性所佔的比例仍然相當有限且相當穩定（見第五章）。

圖18　白象 ©Mireille Vautier/Alamy

另一個做法是先承認領導者天生都有弱點，並努力抑制和約束這些弱點，而不是假裝它們不存在。卡爾·波普爾[1]為此提供了更加站得住腳的依據，他指出，正如我們只能證偽而不是證實科學理論，同樣，我們也應該採用適當的機制來抑制領導者而不是屈服於他們。在波普爾看來，民主就是撤選領導者的制度機制，其本身並沒有什麼好處，而且類似的過程應該是隨處皆可複製的，即便在非政治組織內部鮮有民主系統運作。如若不然，雖說全知型領導者本來就是不負責任的追隨者的癡心妄想和應聘者們烏托邦式的熱切想像，但當下屬們質疑領導者的指令或技能時，這些(不服從的)下屬們往往會被更配合現有戰略思維的人所取代，後者也就是所謂「唯命是從的人」。這樣一來，這些下屬就轉變成了不負責任的追隨者，其給領導者的建議往往只限於破壞性贊同：他們或許知道領導是錯的，但有各種各樣的理由少說為妙，因而也就默許了自己的領導者乃至整個組織走向毀滅。

然而，波普爾關於領導者的警告表明，約束領導者使其少犯錯誤、堅持做建設性的反對者、幫助組織實現目標而不是縱容任何領導者搞破壞，這是追隨者

1　卡爾·波普爾(Karl Popper 1902–1994)，20世紀最偉大的哲學家之一，在社會學領域亦有建樹。他最著名的理論是對經典的觀測—歸納法的批判，提出「利用實驗證偽」的評判標準：區別「科學的」與「非科學的」。在政治上，他擁護民主和自由主義，並提出一系列社會批判法則，為「開放社會」奠定理論根基。

的責任。於是建設性的反對者就會假定其領導者的屬性不是柏拉圖式的智者而是蘇格拉底式的愚者：他們知道，沒有人是全知全能的，並以此為行動依據。

當然，前提是下屬們必須始終致力於社會或組織的目標（而且當然，如果某個組織對你沒有對等承諾，你往往有理由不為該組織獻身），同時又保留着自己的獨立精神，不為領導者的反復無常所左右。恰是這一悖論式的獻身與獨立精神的結合，最有利於負責任的追隨者成長。圖19列出了獻身和獨立精神的幾種可能的組合方式。要再次説明的是，該圖的目的是解釋説明，因而生成了一系列韋伯式「理想型」，它們既不是任何標準意義上的「理想」，也不是任何普遍意義上的「典型」。相反，這些類型的生成都是以啟發為目的，本意在於突出和放大在理論上處於極致立場的極端後果。

雖有此保留，但方框1 —— 等級制度 —— 或許仍然包含着領導者與追隨者之間最典型的關係，其中傳統的等級制度就是在一個領導者的領導下運作的，後者被認為因為擁有益國益民的智力、遠見、魅力等方面的個人品質而高出追隨者一等，因而負責解決組織的一切問題。這樣的帝制野心與我們為這一領導者形式加注的標籤相呼應：皇帝。相應地，那也會產生只會最低限度地獻身組織目標的追隨者 —— 往往因為那些目標都淪為領導者的個人野心了，因此追隨者只提供事

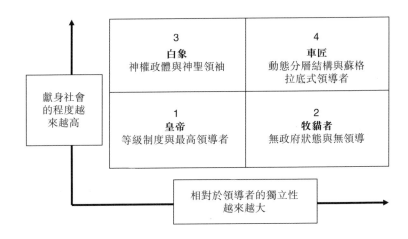

圖19　領導才能、追隨力、獻身與獨立

不關己的破壞性贊同，成了真正「不負責任」的人。

方框2源於同樣對社會的漠不關心，但與它相結合的是更多地獨立於領導者，結果就是一種形式上的「無政府狀態」——沒有領導者，也沒有社會，無政府主義的支持者們認為，社會將隨着個體領導者的缺失而自動消失。結果是一個類似於「牧貓者」的領導者——一個不可能完成的任務。我們會在最後一章再回頭來討論無政府主義。

方框3——神權政體——產生了大量群體精神，但那只是因為領導者被認為是一位神明、一個神聖的領導者，其信徒追隨者被迫通過宗教要求而服從他的領導：也就是以上所述的白象。當且僅當領導者的確是神，是一個無可爭議的全知全能、無處不在的神時，贊同才始終是建設性的。然而顯而易見，雖然很多魅力領袖都會製造偶像崇拜，使他們表面上看來似乎屬這一類，但正因為該領袖實際上是個假冒的神，是在誤導而不是領導自己的信徒，追隨者的贊同往往會變成破壞性贊同。

最後一類，方框4——動態分層結構——指向這樣一個組織：其領導者們意識到自身有着蘇格拉底式的局限，因而領導才能根據可知的時空要求被分散佈局(這種動態分層結構的一個形象的例子是賽艇隊，賽艇隊的領導會根據形勢需要，在舵手、船長、尾槳和教練之間轉換)。認識到任何個體領導者都有局限性，

就要求必須有負責任的追隨者來彌補這些局限，而要做到這一點，最好是通過建設性反對，當追隨者認為領導者的行為違反了社會的利益時，他們願意提出反對意見。

曾帶領芝加哥公牛隊一度登上輝煌頂峰的教練傑克遜(Phil Jackson)轉述過一個中國古代的故事，或許能更突出地說明這一點。公元前3世紀，中國皇帝劉邦在統一中國後設宴慶祝，在王公貴族及各位軍事政治專家的簇擁之下出席。由於劉邦既非貴族出身，又沒有卓越的軍事或政治才幹，一位賓客就問軍事專家曹參，為什麼劉邦能當上皇帝。曹參反問道：「什麼決定了戰車車輪的承重力呢？」那位賓客指出是輪輻的結實程度，但曹參反駁說：「那為什麼兩個輪輻一模一樣的車輪，承重力卻不同？其實，輪輻的間距也會影響車輪的承重力，而確定合理的輪輻間距正是車匠技藝的精髓。」如此看來，雖說輪輻代表了組織成功所必需的集體資源，也就是領導者所缺乏的資源，但輪輻間距才是追隨者本人成長為領導者所需的自主性[2]。

總而言之，將組織成功所必需的多種天賦特長集

2　這裏參考了《11枚戒指》(菲爾·傑克遜著，傅婧瑛譯，北京聯合出版公司，2014年2月版)，原書作者在原文中指出這是「金偉燦和勒尼·莫博涅」版本的故事，此二人合撰了一篇題為《領導學小故事》的論文發表在《哈佛商業評論》中。該論文(以及菲爾·傑克遜在這本書中)寫到的人物是「Chen Cen」，譯者只能猜測是「曹參」，且該論文中並沒有標明出處，而這一段在中國文獻中的出處無從查考。

結一處，才是將成功領導者與失敗領導者區分開的關鍵：領導者不需要完美，恰恰相反，他們必須認識到自己的知識和權力有限，如果不依賴下屬領導者和追隨者來彌補自己的無知無能，他們將註定失敗。真正的白象——患有白化病的大象——的確存在，但它們極其罕見，誰要指望它們來把我們拖出組織泥沼，恐怕沒有意義；遠不如找一個好的車匠，讓組織的車輪轉動起來。事實上，領導才能屬社會，是整個社會行為的後果，而非個體領導者的私有財產和行為後果。更何況雖然白像是天生的，車匠卻是後天學成的。事實上這一類比對我們區別此二者的教授和學習方法也都很有用，因為那些相信自己天生就是統治者的人不需要教師或顧問，而只需要唯唯諾諾的追隨者，而車匠們卻必須經歷一段學徒時光，要從師父那裏學習如何製造車輪，而在此過程中，反復摸索和試錯是必不可少的。

領導才能是微物之神

另一個解決該悖論的方案是將關注焦點從領導者轉向領導才能，回歸那條抽象的「領導之船」[3]——那樣一來，領導才能的諸項特徵就成了一種社會現象，可能出現在領導團隊或追隨者中，即便沒有哪一個人

3　英語「領導才能」（leadership）這個抽象名詞是用「leader」（領導者）加上抽象名詞後綴「ship」構成，而「ship」單獨的意思是船。

擁有全部那些特徵。因此，是那條隱喻的「船」上的全體船員，而非真正的組織之船的「船長」，需要滿足建設和維持組織運作的要求；於是我們就有必要還原「領導才能」，而不去依賴「乏力」的領導者。換句話說，領導才能並非只局限於神力，倒有可能完全相反。正如阿蘭達蒂・洛伊[4]在自己的小說中所述：「在我看來，微物之神恰是上帝的反面。上帝是控制欲很強的龐然大物。」這裏我想指出，我們最好把領導才能也看作是「微物之神」。

因此，高見就是世上根本沒有高見；只有很多由追隨者進行的微小行動，積少成多，促成了真正的進步。那並不是說微小行動可以作為「轉折點」，雖然這也不無可能，而是說重大轉變都是微小的事物聚積引發的質變。組織不是由船長掌舵的油輪，而是一個活的獨立有機體，是個人組成的網絡——因此其方向和速度是很多微小決策和行動的共同結果。或者如安妮女王治下的英國財政大臣威廉・朗茲（William Lowndes）所說：「省小錢，成大富。」這句話曾被寬泛地解釋成「小事慎重，大事自成」，但這裏的要點是把焦點從個體的英雄轉移到眾多英雄主義的人。這倒不是說首席執行官、校長、警察局長、軍隊將領等人無關緊要；他們的角色至關重要——我們將在最後

4　阿蘭達蒂・洛伊（Arundhati Roy 1961– ），印度知名作家、社會活動家和左派知識分子，著有《微物之神》（1997）。

一章討論這一點——的確，他們自己必須為即將到來的「重大」決策做準備，不過那個決策可能是眾多微小行動和決定集結而成的。

換一種說法就是，傳統上很多領導才能研究的重心——個體領導者的決策行動——最好被看成是組織成員的眾多「意義建構」行為的結果。正如韋克所說，所謂的「現實」，正是人們試圖為自己周圍的「區區小事」建構意義的集體的、持續的成就，而不是個體領導者理性決策的結果。那不是說意義建構是一種民主活動，因為總有些人在意義建構的過程中做出的貢獻更多一些，這些「領導者」就是那些「小修補匠」——對眼前五花八門的材料進行意義建構，並設法利用這些良莠不齊的材料，針對某一具體問題構建出全新解決方案的人。正因為此，成敗往往取決於微小的決策和行動——既有領導者做出的，也有「追隨者」做出的，但後者也在「領導」。這並不意味着我們應該拋棄柏拉圖那個問題，「應該由誰來領導我們？」，而是更多地關注波普爾的問題，「如何阻止統治者把我們帶向毀滅？」事實上，我們無法確保找到全知型領導者，但由於我們為選拔機制花費了這麼多心思，那些成為正式領導者的人往往會假設自己無所不知，因而很可能會犯下錯誤，那些錯誤可能會對每一個像我們這樣人微言輕的追隨者造成影響，並破壞我們的組織。

以臭名昭著的英國海軍中將喬治·特萊恩爵士為例吧，1893年6月22日，他在敘利亞海上的行為導致了自己的旗艦「維多利亞號」沉沒，因為他堅持讓英國艦隊分成兩個縱隊，在空間不足的情況下同時向內轉彎。雖然好幾位下屬都警告他說這一行動很難成功，但特萊恩還是堅持讓下屬執行他的命令，最終使包括他本人在內的358名海員葬身魚腹。隨後組成的軍事法庭審判了馬克海姆海軍少將，他指揮的「坎博堂號」撞沉了「維多利亞號」，馬克海姆少將被問道：「如果他知道是錯的，為什麼還要照做？」「我認為，」馬克海姆回答說，「特萊恩中將一定自有錦囊妙計。」法庭判處特萊恩應負全責，但同意「海軍絕對不能鼓勵下屬質疑上司」。因此，錯引一句伯克的話就是：領導才能失效的唯一條件，就是好的追隨者無所作為。[5]

也並非只有全國性的軍隊或政治領袖才被認定為全知型領導者。舉例來說，1982年1月13日，佛羅里達航空公司90號航班（「棕櫚90號」）在惡劣的天氣條件下墜毀時，從機長拉里·惠頓與副機長羅傑·佩蒂特的談話中，我們顯然能聽出後者對起飛沒有把握，但他未能阻止惠頓，從而不經意地導致了空難。特內里

5　伯克的原句是 "The only thing necessary for the triumph of evil is for good men to do nothing"（邪惡獲勝的唯一條件，就是好人袖手旁觀）。

費空難[6]的情況也是一樣，副駕駛員認為有問題，但未能阻止駕駛員在危險形勢下起飛，因為他的警告太「微不足道」（另一架飛機就在他們前面起飛了，副駕駛員不知道他自己飛機上的駕駛員甚至沒有獲得起飛許可）。實際上，英國皇家空軍的機組資源管理系統內部有一個「自動保險」機制，事實上允許機組的任何成員——無論職銜高低——要求機長放棄起飛或降落，其運作方式相當於英國陸軍和海軍的「停火」系統，也就是正在進行實彈射擊的過程中，下級意識到上級沒有看到的危險時，他們可以無視上級的命令。

通用汽車公司前總裁阿爾弗雷德・斯隆（Alfred Sloan）曾在董事會遭遇過同樣的問題，但他意識到了現場出現的破壞性贊同：

> 「先生們，在我看來，我們大家都達成一致意見了？」
>
> （眾人紛紛點頭表示一致同意。）
>
> 「那麼我現在宣佈休會，把這個問題的討論推遲到我們能聽到不同意見時再開會決策，那或許會有助於我們理解決策的意義所在。」

6　特內里費空難，一起發生於1977年3月27日傍晚的空難。兩架波音747客機在西班牙北非外海自治屬地加那利群島洛司羅迪歐機場的跑道上高速相撞，導致兩機上多達583名乘客和機組人員死亡。

三百年前，日本武士山本常朝也曾在書中回憶過類似的事件：

前幾年，在一個重要的會議上，某人竟然因自己陳述的反對意見不被採納而準備斬殺組頭大木知昌。直到最後，他都堅持自己的意見，結果終於被認可了。事後，據說這位老兄說：「這麼快就採納了我的意見而去實施這樣的事情，主君近側輔佐的各位是靠不住的，確實是人才不足呀。」[7]

這個問題該如何應對呢？顯然應該及時向領導者提供誠實的意見——建設性反對——才是合適的解決方案；但同樣顯而易見的，首先是領導者往往會通過招聘和任用那些「與官方意見更為一致」的下屬（往往都是些提供破壞性贊同的馬屁精）來阻礙這種做法。此外，領導者不願意承認錯誤，更加重了追隨者對於全知屬性的認定。歷史上只有王室弄臣，或宮廷小丑，才能提出建設性反對還不被殺頭，主要是因為那些建

<hr>

[7] 譯文摘自山本常朝著《葉隱聞書》，李東君譯，廣西師範大學出版社 2007年版，第33頁。本書作者引用的英文版是「Last year」，但中文版是「前幾年」。譯者查閱了日文原版，原版中這裏的時間狀語是「先年」，在日文中可以指「今年之前的任何一年」，但本書譯者諮詢的日文專業人士認為，日文中有「去年」一詞，但作者還是使用了「先年」，應該是作者也記不清是哪一年了。所以中文版翻譯的「前幾年」應該是比較準確的。

議包裹在幽默的語句中，因而可以被君主一笑了之，哪怕君主私下裏可能會更慎重地重新思考一下。要說明這一角色的難度和重要性，恐怕沒有比莎士比亞的《李爾王》中的那個弄人更好的例子了。

李爾在故作姿態和自以為無所不能的一番表演中，把王國瓜分給了自己的女兒們。他先是被自己的忠臣肯特警告說這個行為莽撞愚蠢，但肯特因為誠實而遭到流放。後來弄人試圖提出同樣的建議，但他沒有直言，而是用了一連串謎語，遺憾的是，待李爾終於理解了那些話，已經太遲了：

> 弄人：聽了他的話，
>
>> 土地全喪失，
>>
>> 我傻你更傻，
>>
>> 兩傻相並立：
>>
>> 一個傻瓜甜，
>>
>> 一個傻瓜酸，
>>
>> 一個穿花衣，
>>
>> 一個戴王冠。
>
> 李爾：你叫我傻瓜嗎，孩子？
>
> 弄人：你把你所有的尊號都送了別人；只有這一個是你娘胎裏帶來的。
>
> （《李爾王》第一幕第四場）[8]

8　原文引自《李爾王》第一幕第四場，而非本文作者標注的第一場。

要想重塑莎士比亞的「弄人」這個誠實建議者的角色而無需「花衣」也是有可能的，或許還更加成功，做法是，要麼領導者需要依附於一人或多人，後者的地位不會因為提供了該建議而受到威脅，要麼還可以要求某個決策機構的所有成員輪流行使「唱反調的角色」，從而將該角色制度化。這樣一來，建議就成為角色的要求而不是某個具體的個人提出的，因而應該提供一定程度的保護，以防領導者可能會因為其下屬提出的「有用」但或許「令人難堪」的建議而惱羞成怒。

不過領袖魅力的矛盾性質——在其起源和存在這兩重意義上都是如此——仍然沒有解決我們對完美領導者心懷嚮往的問題，那樣的嚮往或許也恰恰反映了我們對於身為不受認可的追隨者——身為微物之神——的平庸生活的不滿。正如阿爾伯特·史懷哲[9]在自傳《我的生平和思想》中寫道的：

> 在人類的理想意願中，始終只有一小部分才能成為轟轟烈烈的大事件，所有其他意願注定是默默無聞的微小行動。這些微小行動所共同體現的價值，要比轟轟烈烈的事件強大千倍。後者之於前者，就像深海浪尖上轉瞬即逝的泡沫。

9　阿爾伯特·史懷哲（Albert Schweitzer 1875–1965），出生於德國阿爾薩斯的通才，擁有神學、音樂、哲學及醫學四個博士學位。因為他在中非西部加蓬創立史懷哲醫院而獲得了1952年度的諾貝爾和平獎。

這是對領導才能可以被簡化為個體領導者的性格和行為這一觀念的猛烈抨擊。言外之意是，我們應該認識到，組織的成就恰恰就是其字面意思——是整個組織的成就，而不僅僅是某一位英雄領導者的行為的後果。然而歷史的車輪雖然是由集體的領導者和集體的追隨者共同推動的，承擔責任的卻往往是正式的或者馬基雅維里式的單個領導者，大多數人則湮沒在浩瀚的歷史長河中，默默無聞，卻並非毫無意義。喬治·艾略特在她的小說《米德爾馬契》的結尾描述多蘿西婭時，就深刻而清晰地指出了這一點：

> 她的完整性格，正如那條給居魯士堵決的大河，化成了許多渠道，從此不再在世上享有盛譽了。但是她對她周圍人的影響，依然不絕如縷，未可等閒視之，因為世上善的增長，一部分也有賴於那些微不足道的行為，而你我的遭遇之所以不致如此悲慘，一半也得力於那些不求聞達，忠誠地度過一生，然後安息在無人憑弔的墳墓中的人們。[10]

領導者的確重要——我們將在最後一章考察其角色——但各種各樣的其他元素也同樣重要，而這些往往會對成敗起到決定性作用。在這些其他因素中，我

10　譯文引自項星耀譯：《米德爾馬契》(*Middlemarch*)，人民文學出版社1987年版，第981頁。

們最難以理解、疏於考察的或許就要屬追隨者的角色了，沒有他們，領導者根本無法存在。但這並不是說我們可以拋棄個體領導者，單單依靠集體的自發領導才能——最後一章將論述這個問題。

第八章
離開領導者能行嗎？

> 鑿戶牖以為室，
>
> 當其無，有室之用。
>
> 故有之以為利，
>
> 無之以為用。
>
> （《道德經》第十一章）

我在第七章指出，如果要理解領導才能到底如何運作，就需要把「領導者」交還給「領導之船」——事實上，需要把眾人都還原到領導之船上。但同樣危險的做法是從集體或分佈式領導中排除領導者，認為——只需更加密切地合作——我們完全能夠共同解決這個世界的諸多問題，而無須求助領導者。在本書的最後一章我想指出，和領導者不需要考慮追隨者的臆想一樣，這也是錯誤的，不過這裏我想先讓領導者恢復其領導才能。

在全球化問題蔓延的時代——無論是金融、環境、宗教、社會還是政治問題——對後英雄主義領導才能的呼喚愈發強烈。人們（以多種方式）拋棄英雄主

義領導風格而選擇的其他途徑都在暗示：領導並非必要，或者它可以在集體內部平均分佈，或者一旦沖突的源頭——無論是馬克思所說的私有財產，還是宗教——消除了，它也就變得不再必要，又或者英雄主義領導是組織的結果而非原因。為了逃避英雄主義領導的魔爪，我們現在似乎正被它顯而易見的反面弄得神魂顛倒——分佈式領導：在這個後英雄主義的時代，人人都是領導者，因而就沒有領導者了。

關於領導才能是社會或組織中一個可有可無的方面，或者它應該被適當「分佈」（以便共同承擔領導責任）或徹底「分散」（以便由於人人都是領導，最終無人領導）的觀念早有先例。事實上，很多狩獵-採集者社會——例如坦桑尼亞的哈扎部落——都沒有一個單獨的正式領導者，領導責任是分開的，任何個人都可以「領導」某一次狩獵，或者提議遷徙到某個新的領地，等等。很多這類狩獵-採集者社會只是在殖民勢力的逼迫之下才開始採納正式的領導體系——很多美洲印第安人部落就是例子。然而就連那些沒有制度化領導者的文化，也保留有一些領導元素：因此，即便是所有美洲印第安文化中機動性最強、最反權威的科曼奇人，也會在戰爭、狩獵或其宗教要求的其他情形下服從臨時的領導者。同樣，努爾人也符合伊凡-普理查[1]所謂

1　E.E.伊凡-普理查(1902–1973)，英國人類學家，他結合結構功能論以及他本人在東非所作的民族誌，對努爾人與亞桑地人的親屬制度與巫

的「裂變」制——以家庭為基礎的群體機動組合，可以與其他家庭群體不斷結盟和新組同盟，只是沒有制度化的領導。

這類受限的領導形式在西方就更加罕見了，而且由於我們早已從狩獵–採集者社會經過所謂的「軍閥時代」（大致是從最後一個冰川時代末期到工業化時期），經歷了與之相關的定居農業，一直發展到大規模工業社會，領導形式顯然已經發生了巨大改變，以致制度化、行政化的民主和官僚體制已經替代了由政治、商業、文化和軍事領導者（很多人認為這些是軍閥時代的男性領袖的典範）組成的臨時網絡為特徵的軍閥制度。然而在21世紀，當抗解問題看似正在全球蔓延，或許通過協作式領導才能更好地服務世界，它也就以一種治理體系替代了20世紀的軍閥們，在那些傳統上深受軍閥行為之害的人看來，該治理體系也更加合適。

軍閥（包括絕對君主政體和政治獨裁政體）與各種為其提供支持的神職人員之間的聯繫往往被用於捍衛領導權，理由就是它與某種神祇之間有着神聖的聯繫。無論該聯繫是君主的「天賦神權」，還是世俗領導者自稱為半人半神，甚或追隨者為其領導者歸屬的非凡地位，顯然，領導才能與神聖範疇有着一定的聯繫。然而這一聯繫有多重要，此外對於放棄正式的個

術重新整理，進而重新開啟了西方文化詮釋原始社會心靈的進程。

體領導者、重新分配權威而言，這一聯繫又意味着什麼呢？

有人或許會認為，西方世界始於啟蒙運動的世俗化過程通過政教分離，消解了領導才能的神聖性質。尼采在《快樂的科學》（*The Gay Science*）一書中斷然宣稱，隱喻的上帝之死或許能夠讓人類獲得解放，廣闊的大海就是一塊畫布，可以在其上繪出新的開端。因此有人或許會得出結論説，社會的世俗化將開啟全新的領導才能觀念，再無須對神一般的領導者獻媚。但尼采還提出了其他的疑問：

> 上帝死了！永遠死了！是咱們把他殺死的！我們，最殘忍的兇手，如何自慰呢？那個至今擁有整個世界的至聖至強者竟在我們的刀下流血！誰能揩掉我們身上的血跡？用什麼水可以清洗我們自身？我們必須發明什麼樣的贖罪慶典和神聖遊戲呢？這偉大的業績對於我們是否過於偉大？我們自己是否必須變成上帝，以便與這偉大的業績相稱？[2]
>
> （1991年版，第125節）

各種宗教原教旨主義的重新抬頭，已經無情地打破了隱喻的上帝已死的臆測，但在卡爾·波普爾看

2　引文引自黃明嘉譯：《快樂的科學》，華東師範大學出版社2007年版，第209頁。

來，要想回答這個問題，就必須提出另一個問題：如果上帝死了，那麼「誰坐上了他的寶座？」這一對領導者的重新建構——或者用「重新供奉」一詞更合適些——意味着，或許領導才能本身就被鎖定在神聖範疇中無以逃遁，如果是這樣的話，那對於權限的徹底分散又意味着什麼呢？

這個問題與其説事關領導才能的神聖性質，倒不如説是關於應該如何協調社會生活——因為如果可以找到一種不需要領導才能的生活方式，那麼它的神聖性質就不再是組織的必要前提了。然而諷刺的是，「另類」社會一貫的老調重彈不過是頌揚整個社會的神聖或將自由「奉為神聖」的調子。神聖的形式完全可以發生轉變，且解讀方式千差萬別，但從根本上説，它就是不可侵犯的。事實上，否認任何其他人擁有高於自己的權限——因為那樣做可能會損害自己的人格——產生了一種對立的虔誠，信奉個體或社會的神聖性質。或者按照喬·弗里曼(Jo Freeman 1970年代美國女權主義領袖之一)的説法，無結構的結果不是擺脱了結構或權限(父權或其他任何權力)，而是形式結構變成了非形式結構，而非形式群體和民兵組織的獨裁潛力無限。弗里曼指出，民主的結構化總要好過無結構狀態，因為至少那種結構更加透明，也可以改變。但是同樣，權限的下放和分配及任務輪換需要所有參與者願意且能夠貢獻出大量的時間和精力。在有

些人看來，這種精力可能是白費了：例如，弗萊徹就指出，新的後英雄時代模型雖然被認定為更偏於女性主義的模型，但從根本上說，它們仍然根源於男性組織，在那裏，協作、關係建立和謙卑被看成是軟弱的表現而非領導才能。的確，各類組織的第一梯隊仍然主要掌握在男性手中，因此後英雄時代的領導才能模型不過是後英雄時代的英雄模型。

在有些人看來，這與其說是「領導才能」問題，不如說是哪一種「領導才能」的問題，特別是那些與分佈式領導的發展有關的領導才能面向，在分佈式領導中，領導權掌握在集體手裏。雷林試圖將分佈式領導或有多位領導者的組織與傳統組織進行對比，認為在有多位領導者的組織中，領導才能是同時發生的集體行為，而非一連串的個人行為 —— 很多人都參與其中，而非僅限於有正式職位的人；領導風格是合作型而非控制型；是富有同情心的而非不帶感情色彩的；這產生了一個社團而不再僅僅是一個組織。根據格倫的說法，分佈式領導有三個顯而易見的後果：第一是「協同行動」，也就是領導層協力，使得分佈式領導的整體強於各部分相加；第二是領導的界限變得更加模糊和彼此滲透，鼓勵更多的團體成員參與到領導其所在組織的行動中；第三，它鼓勵人們重新思考組織內部的專業能力問題，拓展了對團體開放的知識的水平。總而言之，領導才能變得不再為某一位正式領導

者所有，而成為組織、網絡或團體的一項新興資產。

我無意為「英雄主義領導才能」辯護，但這裏還有一個尚待解決的難題：如果英雄主義領導者自古以來便存在於我們中間——且要為有史以來發生在人類身上的大多數悲劇負責的話——為什麼我們直到現在才意識到他們不可靠？而如果我們自他們出現以來便一直知道他們不可靠，為什麼一直沒有想出長期、大規模的有效備選方案？換句話說，上述假設的後英雄時代領導才能是不是一個可行的備選方案？

當然，這可能是一個非常西方化的表述，顯然在不同的文化中，關於領導才能的觀念和關於神聖的概念往往截然不同——這個話題太大，本書的篇幅遠遠不夠。的確，美國人關於何為領導才能、何為神聖的看法似乎往往與英國人大相徑庭。在很多北歐社會，諷刺，不，譭謗宗教領袖或許是合乎禮數的，但在伊朗或美國顯然不行。因此，我並不是暗示西方或英國關於神聖與領導才能之間關係的論述放之四海而皆準，而是想指出，很可能在各種不同的文化中，這兩個現象都有着重大聯繫，雖然在世界各地，這些概念及其聯繫的具體性質迥然相異。我還想指出，神聖並非房間裏的大象——它不是顯而易見但人們諱莫如深的東西，而是房間本身，是領導才能發揮作用的空間。這就是很少有人提出神聖問題的原因之一，因為領導才能正是在神聖所構建的框架中運作的。

「神聖」一詞的詞源提供了關於其性質的線索，但並沒有提供解釋（《柯林斯英語詞典》，2005年；《牛津英語詞源詞典》，1966年）。英語「sacred」（神聖的）一詞來源於拉丁詞語*sacer*，意為「神聖的、聖潔的或不可碰觸的」，其本身又來源於另一個拉丁詞語*sancire*——「奉為神聖，專為宗教目的，被尊崇為聖潔，不受暴力攻擊；使分離」。如此看來，神聖性的一個要素就在於神聖事物與世俗事務之間的距離或差異。「褻瀆神聖」——這個詞來源於一個拉丁語複合詞，意為「偷盜聖潔之物」——是指超越這一界限並玷污了神聖。的確，「hierarchy」（等級制度）一詞的原意就是「聖潔的君權」：在這個詞起源的希臘語中，*arkhos*意為「君權或統治者」，而*hierós*意為「聖潔的或非凡的」。*Hierarkhía*是一種宗教典儀的等級排序，因此「等級制度」這個概念就是確保神的（或神職的）領導的神聖組織空間。拉丁語*sacerdos*意為「神父」，而英語的「sacrifice」（獻祭，犧牲）源於拉丁語複合詞「使聖潔」，因此神聖性的第二個要素與那些被認為與神靈最接近之人——神職人員——獻祭這一基本事務有關：正是獻祭才讓事物變得神聖——它行使了領導才能。最後，「神聖」是指「一種尊敬或敬畏的態度」，「一種在神靈面前的靜默」。那一靜默似乎暗指信徒因為恐懼而被噤聲，因為其神靈，或者神靈的代理人，轉移了任何與存在有關的焦慮，或者在古希

臘的版本中，神靈本身就結束了凡俗之人關於存在的一切恐懼。

因此，詞源表明，領導才能的神聖面向至少包括三個特質與關於領導才能的爭論有關：「分離」——將聖潔與卑俗之物分隔開來；「獻祭」——使事物變得聖潔的行為；以及宗教或世俗領導者讓追隨者保持「靜默」，不敢說出自己的恐懼或異議。下面我們先對領導才能的這一神聖面向來一次短暫的尋幽訪勝，然後再考察這個面向是否必要，及其對沒有領導者的社會生活意味着什麼。

分隔

分隔、鄰近與領導才能之間的相關性歷史悠久。拿莎士比亞的《亨利五世》來説吧，在阿金庫爾戰役前夕，「那一夜，(大小三軍，不論尊卑)多少都感到在精神上跟亨利有了接觸」：這一點之所以被看得如此重要，恰是因為追隨者們很少能夠接近其領袖，遑論有所接觸。君主們當然往往都是通過與神靈的聯繫來確立自身統治的合法性，因而他們只對神靈負責，所以既然前提是他們整個人都有神聖性，那麼説他們的接觸具有神聖性在邏輯上也就順理成章了。這些差別——世俗與神聖的分隔——必須通過界限分明加以保護，還可以通過阻止人們直接或在無中介的情況下

接近領導者，或者領導者的特殊着裝或其他差別標誌得以實現。當然，不同的文化會表現出不同的疏遠機制，確實，它們各自對於什麼樣的距離是可以接受的觀念截然不同，但有些疏遠 —— 不管是象徵意義上的還是現實層面的，也不管我們考察的是任務導向還是人員導向的領導才能 —— 似乎普遍存在。例如，眾所周知希特勒的制服十分樸素，這讓他有別於身上掛滿勳章、裝飾華麗的其他納粹領導者，而使他跟普通的「人民」聯繫在一起，雖然他根本不可能是「他們中的一員」。

　　領導才能涉及一些領導者與追隨者之間保持「距離」的機制，這一觀念並不稀罕，而關於平易近人的領導者要比高高在上的領導者好得多的信念更是深入人心。相反，馬基雅維里敏銳地注意到，要防止追隨者們看到其領導者的「真實」面目，保持距離是個很有用的做法，因為：

> 人們進行判斷，一般依靠眼睛更甚於依靠雙手，因為每一個人都能夠看到你，但是很少人能夠接觸你；每一個人都看到你的外表是怎樣的，但很少人摸透你是怎樣一個人，而且這些少數人是不敢反對多數人的意見的，因為後者受到國家最高權威的保護。[3]

3　譯文引自潘漢典譯：《君主論》，商務印書館1986年版，第85頁。

對於那些希望成為領導者的人，這一點意味深長，因為能夠把控好距離，特別是能夠牽制他人不要近身，讓自己的一舉一動存在於他們的視線之外，對於保持領導的神秘性至關重要——就像奧茲國的巫師，在被揭去了掩飾其「普通」性質的面紗之後，就變得一無所長了。

疏遠還可以方便領導者執行一些卑鄙齷齪但十分必要的任務，並方便其在一定的空間之外觀察全域(距離追隨者或行動太近時則很難看到)。海費茲和林斯基的隱喻——「站在陽臺上」去觀察(組織的)舞者們創造的隊形，就精準地捕捉到了這一要點。

雖說在歷史上，疏遠對領導才能而言一直都很關鍵，但西方各民主政體在當代的發展方向卻是——至少在媒體全天候的監督之下——創造一個社會距離最小的領導形象，因此托尼·布萊爾(Tony Blair)會穿着套衫、端着一杯茶出現在唐寧街的官邸外與媒體對話——雖然我們很少有人能以那個形象出現在全世界媒體的面前，更沒幾個人會當面叫他「托尼」，不管是朋友還是仇敵。

然而儘管如此，柯林森指出，過於關注魅力型領袖讓我們忽略了這樣一種可能性，即距離還會成為追隨者的重要機會，用以「建構其他更為對立的身份和工作場所反主流文化，從而表達他們對領導者及其與追隨者之間距離的懷疑態度」。有人用幽默來拉開追

隨者與領導者之間的距離，就是個尤其明顯的例子，雖然同樣，那樣做也會鼓勵追隨者默許其領導者的領導，因為追隨者有渠道表達自己的失望，而不是組織反抗。領導者與追隨者的分隔還凸顯出領導才能固有的不平等性質，雖然所有關於賦權式、分佈式、民主式或參與式領導的說法已經模糊了我們的視線。哈特及其同事們指出，這一不平等觀念實際上既是合理的，也是必要的，它產生了雙方互利的不平等，前提是要有一定的防護措施。作為領導才能核心的不平等必須被合理化 —— 雖然平等本身往往被認為是合理的 —— 這一點或許也能解釋為什麼我們似乎總覺得領導才能是神聖的，因為它必須被看作是神聖的，才能保持其合理性。

這或許還能解釋對那些魯莽地挑戰被公認為神聖的領導才能之人，為什麼需要使用一定程度的暴力，因為只有在嚴厲懲罰了那些用行為破壞神聖之人 —— 褻瀆神靈之人 —— 之後，才能保持神聖不被侵犯。於是福柯（Michel Foucault）在《規訓與懲罰》一書的開頭，對達米安因謀刺國王而被判處酷刑進行了詳細的描寫。褻瀆神靈 —— 企圖跨越神聖與世俗之間的分隔；的確，這就是玷污神聖 —— 在領導才能的建構中起到了至為關鍵的作用，也被看成是對領導權的致命一擊。舉例來說，戈爾巴喬夫對蘇聯共產黨的批評 —— 他的褻瀆 —— 就打開了最終導致蘇聯解體的水

閘。在他公開發言批評之前，很少有人敢於說黨的壞話，而一旦他給了其他人許可，讓他們也參與批評，共產黨的神聖性質就受到了無法補救的破壞。托尼‧布萊爾或許也可作為一例，他在1994年的工黨大會上廢除了《黨章》第四條(生產、分配和交換資料的公有制)，正式開啟了工黨轉變為新工黨的進程。

因此，神聖性的一個重要方面就是，它必然會把神聖與世俗分隔開來；二者必須保有距離，分隔才有意義可言；當然，該分隔的性質非常靈活，在不同的文化中也迥然相異。事實上，「差別」而非「距離」可以更好地幫助我們理解這裏的「分隔」的重要意義。領導者和被領導者之間的物理距離或象徵距離可大可小，但二者的差別是成功的關鍵。換句話說，是否只要消除了這一差別，從而使人人都——或者無一人——是領導者，領導才能本身也就消失了？這不是說在某些特定情形下，有些組織形式離開了領導才能就無法存續，而是說離開了差別，領導才能本身就無法存續。差別是領導才能的執行要素，而非領導地位的可有可無的點綴。

獻 祭

雖然它讓很多現代人感覺極其不適，但毋庸置疑，祭品的使用在古代社會非常普遍。在阿茲特克人

披着犧牲品的皮，把成百上千的犧牲品獻給他們的太陽神的同時，羅馬人、古希臘人、凱爾特人、迦太基人、非洲人、亞洲人，看樣子還包括其他各個族群和種群，也都曾染滿了人和動物的血來安撫各自的神靈，保護部落，確保子孫滿堂或風調雨順，確保統治部落不會來摧毀自己的土地，或者只為確保被征服的追隨者歸順。古希臘的待罪者傳統就是把尋找替罪羊的做法儀式化，是社會在面臨戰爭或饑荒威脅時，把人類犧牲品驅逐甚或處死的儀式。

尋找替罪羊

尋找替罪羊的儀式上的必要性構成了勒內·吉拉爾[4] 著作的基本核心，且與模仿——所有的人都有互相模仿的欲望——的作用有關。這一對他人的佔有最終導致了對他人的徵用、一種無法避免的敵對、一種侵略性的反應，以及最終的結果：普遍的社會暴力。吉拉爾指出，數千年來，人類一直通過犧牲個人的做法來遏制這種「天然」的社會暴力傾向。結果，原始的謀殺替罪羊的做法讓人們免除了更大規模的社會暴

4　勒內·吉拉爾(René Girard 1923–2015)，法國人類學家和哲學家，法蘭西學術院院士，「欲望的模仿理論」的創始人。他的研究興趣和影響力極其廣泛，在文學批評、批判理論、人類學、神學、心理學、神話學、社會學、經濟學、文化研究和哲學等領域都有成就。

力，產生了暫時的和平——直到下一輪模仿式的敵對和暴力蔓延，讓人們必須尋找下一個替罪羊。因此，霍布斯所說的「所有人反對所有人的戰爭」的唯一解決方案，就是把焦點縮小成「所有人反對一個人的戰爭」。而克莉斯蒂娃當然是對的，為確保男人的領導權，女人往往會成為被獻祭之人，舉例來說，所謂的「榮譽處死」往往就暗指這一點。當然，獻祭者往往也會成為被獻祭者，想想英格蘭的查理一世和法國的路易十六等君主們，就是最明顯的例子，但有些領導者的政策本是為了推翻這些君主，卻也難逃其害——羅伯斯庇爾甚至克倫威爾都是如此，後者倒是自然死亡，但後來屍體又被挖掘出來掛在鎖鏈上，他的頭被砍下來，懸掛在威斯敏斯特教堂外的柱子上。

不過我們倒也不必局限於真實的死亡案例，彷彿不這樣便不必承認，犧牲至今仍然是領導才能的一個重要組成部分，特別是在將領導者或追隨者作為替罪羊時：民主政體往往會在政策失敗時將其政治領導者作為替罪羊；當問題出現時，CEO們也往往會把自己工作場所中的某個環節作為替罪羊，或者說他們自己也會被股東當作替罪羊。如果他們的上司被剝奪了職權，被降職、解僱或鋃鐺入獄，那麼即便替罪羊們最終沒有被獻祭，一般也會被流放、被厭棄、被塗上焦油或插上羽毛，而在很多這類行動之前都會有某種形式的公審大會，以便獻祭儀式的範圍囊括盡可能廣泛

的公共空間：獻祭不僅必須進行，還必須當眾進行。同樣，非流血型獻祭也可以是領導者的自我犧牲。例如，2009年福特公司的時任CEO艾倫‧穆拉利(Alan Mulally)就曾承諾，如果國會通過了財務救助，他願意將自己的管理者年薪降到一美元。

當然，我們每個人每時每刻都在做出犧牲——我們為清理待覆電子郵件犧牲了午餐休息時間，為清理草坪犧牲了週日早上的懶覺，等等。但我這裏所指的犧牲是指為了集體利益，不管你如何定義集體利益。所以我們那些世俗的個人犧牲不會對領導者和追隨者之間的關係產生任何影響，因而不在我們的討論之列。為了自己的健康放棄一塊奶油蛋糕，跟為了提升蛋糕房的集體士氣犧牲一個烘焙師可不是一個概念。獻祭不是某一位邪惡或瘋狂獨裁者所做的令人遺憾或令人難堪的行為，而是所有領導形式的基本表現機制。獻祭建構了神聖空間，沒有這一空間，領導才能根本就不可能存在。

靜默

除了提供思考空間之外，靜默的神聖方面還包括好幾個原則：消除反對之聲和消除焦慮之聲。已經有大量文獻論述了前者的作用(例如延伸閱讀部分列出的柯林森和阿克羅伊德的著作)，這裏就不多費筆墨了。

大體上，領導才能具有神聖性的概念與存在主義觀念背道而馳，後者是從哲學譜系的另一端出發來考察世界的：我們不是神的計劃的成果，而是我們自己有意識的自由行為打造的。然而這一觀念就意味着，所有對存在沒有把握和沒有目的而造成的焦慮，恰恰是責任的負擔為何如此沉重的原因。如果我們相信某個神靈所決定的命運，就從自己肩上卸去了責任的重擔，因為我們所做的一切早已由不管哪一個神靈鑴刻完畢，也就意味着他要為此負責。然而如果說我們所做的一切都是自由意志的結果，因為沒有從神那裏獲得任何道德規訓而隨波逐流，那麼我們似乎就不僅要為自己的決定負責，還要為自己在做出這些決定時背離任何基本的道德羅盤負責了。絕對性和免責是這一虛構的領導領地和這一雙重浮士德式契約的一對孿生承諾。對領導者而言，該契約用現在的特權和權力換取了未來被獻祭的可能性；而對追隨者而言，該契約保護他們免受「錯信」之害，也就是讓-保羅·薩特所說的「被賦予自由」，哪怕在兩害相權時最孤注一擲的決定的背後，也會有這種自由在起作用。實際上，領導才能消除了追隨者的焦慮之聲。

弗洛姆(Erich Fromm)指出，對自由的恐懼還可以從根本上解釋為什麼我們會這般強迫症一樣地渴望服從權威。在弗洛姆看來，現代性讓人們從根本上擺脫了與他人的共有關係，正是這種無法忍受的孤獨及隨

圖20　自由的兩難困境 ©Mark Ruchlewicz/Getty Images

之而來的責任之重，驅使我們在權威——不管是法西斯還是民主領導者——的保護羽翼下尋求安慰。因為只有那樣，我們才能夠避免個人責任所帶來的恐懼。

這又會將領導才能帶向何方呢？一方面，如果我們想要通過很小規模的臨時網絡來組織社會生活的話，完全可以離開領導者，但規模稍大或時效稍長一些，似乎就必須要有某種形式的制度化領導了。好消息是，我們現在需要關注的是建立適當的機制，讓這類個體或集體領導者為自己的行為負責，以及培養更願意參與領導行為的負責任的公民。壞消息是，我們想當然地認為在某種程度上，合作型領導不會像個體領導那樣容易受到操縱和腐敗侵蝕，這一臆想非常可疑。要想對集體面臨的抗解問題做出協調反應，單靠拋棄個體領導是做不到的——就算是合作型領導，也需要有個體帶頭行動、承擔責任、動員集體領導。事實上，集體的成員必須授權彼此領導，因為集體在決策方面的被動低效是有目共睹的。因此，領導才能不是房間裏的大象，不是很多人意識到但諱莫如深的問題，而是我們離不開的房間本身。換句話說，這就是鮑曼(Zygmunt Bauman)所謂的「不能承受的責任之靜默」。這是我們集體和個人都要面對的難題。

術語翻譯對照表

authority　權限：法定權力

bad faith　錯信：讓–保羅‧薩特的術語，指拒絕負責的決策

bricoleur　小修補匠：自己動手的實用主義實驗者

calculative compliance　算計性服從：埃齊奧尼的術語，表示源於理性行為的服從

charisma (strong)　(超凡)魅力：韋伯創造的術語，指有着超自然天賦，註定要拯救我們擺脫危機的個人

charisma (weak)　(普通)魅力：後來人們對韋伯的原意加以弱化，用來表示較強的個性

clumsy solutions　笨拙解決方案：一種解決問題的方法，其根源在於跨越簡潔的文化界限

coercive compliance　強制性服從：埃齊奧尼的術語，表示源於暴力的服從

command　命令：與危機有關的決策風格

community of fate　掌握命運的社會：由共同的命運凝聚在一起的社會

community of practice　實踐社團：溫格原創的學習模式，源於集體實踐而非個體認知

competence　勝任素質：獨立互不聯繫的技巧或特質

concertive action　協同行動：整體強於各部分相加的分佈式領導

constructive dissent　建設性異議：追隨者提出的一種異議，本意是為了保護集體，阻止領導者做出錯誤的決策

contingency theory　權變理論：一種領導才能模型，認為應該根據對情境的理解採用某種領導行為

cosmology episode　重大轉折事件：某一情境中的一個使個體的意義建構受到威脅的危急時刻

critical problems　重大問題：被指揮官定義為危機的問題

destructive consent　破壞性贊同：追隨者的一種贊同，通過默許領導者做出的某個錯誤決策而威脅到集體的利益

devil effect　魔鬼效應：關於某一錯誤的第一印象會(錯誤地)影響所有後續印象的假說

distancing　疏遠：一種領導者和追隨者藉以彼此保持物理和/或象徵距離的機制

distributed leadership　分佈式領導：一種集體領導方式

egalitarianism　平等主義：一種根源於人人平等和共同決策的政治和文化模型

elegant solutions　簡潔解決方案：看似與其所產生的文化環境一致的解決方案

empathy　共情：能夠通過他人的眼光看待世界的能力

essentially contested concept　本質上存在爭議的概念：加利原創的術語，指代一個永遠不可能達成共識的概念

fatalism　宿命論：一種以認命和默許為主的文化觀念

fatalist community　被動認命的社會：一個集體放棄了反抗或改變能力的社會

golden bridge　關：孫武發明的術語，指代能夠讓敵方挽回顏面並避免進一步衝突的方法

Great Man theory　偉人理論：卡萊爾發明的模式，用於解釋歷史是通過極少數非凡之人的行動創造的

grid/group　網格/群體：道格拉斯用於建構其文化啟發性教育的兩個術語

halo effect　光環效應：關於正面的第一印象會影響他人的所有方面的假說

hard wiring　固有：關於行為是由人的基因決定因而無法改變的假說

heterarchy　動態分層結構：一種隨着不同的情境改變決策的動態等級結構

hierarchy　等級制度：一種組織協調和決策模式，其中隨着職位上升，權力和知識的不平等會加劇

hierarchy of needs　需求層次：馬斯洛發明的模式，表明較低的(生理需求)應優先於較高的(認知)需求

ideal types　理想型：韋伯原創的方法論機制，用於通過參照理論上完美(但不存在)的模型來對組織形式加以比較

individualism　個人主義：一種文化模式，通過參照個人在經濟上理性的行為以及行為的邏輯規律來解釋世界

institutional sclerosis　制度僵化：奧爾森的主張，即隨着時間的流逝，組織會變得越來越僵硬和低效

inverse learning 逆向學習：關於依靠對追隨者的信號做出反應來學習領導的假說

irresponsible followership 不負責任的追隨：一種將一切決策的一切責任都歸咎於領導的追隨模式

leaderful organizations 多人領導的組織：關於組織可以由多人領導，而不是僅由一位領導者領導或沒有領導者的主張

leadership 領導藝術：動員某一群體或社會面對其抗解問題的藝術

LMX：領導–成員交換理論

Machiavellian 馬基雅維里式：一種暗指領導者應該為實現公共利益而不擇手段的模式

management 管理：指令適當的過程來解決易解問題的科學

mundane activities 平凡的活動：關於領導藝術事實上源於相當無聊的日常討論和社會交流，而非魅力型領導的非凡卓越行為的假說

negative capability 消極感受力：濟慈的主張，認為能夠容忍不確定性對於決策過程非常重要

nemo sine vitio est 人孰無過：「沒有人是不犯錯的」

New Public Management 新公共管理：撒切爾/裏根/布萊爾的公共治理模式，源於將市場、目標和顧客相結合的做法

normative compliance 規範性服從：埃齊奧尼的術語，表示源於追隨者自願追隨某一領導者的服從

path-goal theory 途徑–目標理論：豪斯提出的源於各個變量之間關係的領導才能權變模式

permission-giving 許可：一種領導模式，認為在沒有領導者的正式或非正式許可的情況下，追隨者傾向於不去冒險

political nous 政治知性：能夠瞭解組織形勢的能力

positive deviance 主動偏離：組織中的某一群個體偏離規則和規範能夠使他們實現其他服從之人無法實現的成就

power 權力：迫使某人違背自身意願做某事的能力

prototypes 原型：一種領導模式，認為領導最有可能的人選是那些代表着最極端形式的文化規範之人

responsible followers 負責任的追隨者：願意為組織的命運承擔責任而不是一味將其歸咎於正式的領導者的追隨者

reverse dominance hierarchies 逆向統治等級：組織將個體集合起來，反抗

某個不受歡迎的領導者統治的行為

romance of collaborative leadership　合作型領導傳奇：關於分佈式領導能夠解決一切組織問題的假說

romance of leadership　領導才能傳奇：認為組織成敗是某個領導者行為的直接結果的假說

scapegoating　尋找替罪羊：一種面對危機的集體反應方式，可以使集體保持無辜

scientific management（Taylorism）　科學管理（泰勒主義）：泰勒提出的通過實施科學方法提高工業勞動生產率的模式

social capital　社會資本：能夠建立有效組織的社會網絡的聚集

social identity theory　社會認同理論：一種領導才能模型，將集體身份用作動員集體開展行動的首要方式

tame problems　易解問題：通常可以通過使用標準作業程序加以解決的問題

Theory X　X理論：麥格雷戈原創的模式（接近於霍布斯），其中的「人性」表明，人從根本上說都是懶惰的、自私的，需要被強迫才能進行高效率的工作

Theory Y　Y理論：麥格雷戈原創的術語（接近於盧梭），其中的「人性」表明，人從根本上說都是負責的、無私的，如果要參與高效率的工作，就必須從被強迫狀態中解放出來

THWαMPs：享有特權、高大英俊的白人男性領袖

traits　特質：行為規律或個人性格特徵

transactional leadership　交易型領導：一種看重交換過程的領導才能模型

transformational leadership　變革型領導：一種試圖提升追隨者，讓他們目光放遠，不要緊盯着自身利益的領導才能模型

wheelwright leadership　車匠式領導：一種領導才能模型，認為成功與個體領導者的專業技能無關，而與該領導者動員專家團隊的能力有關

white elephant　白象：一種認為只有神一樣的個人才能夠成功的領導才能模型

wicked problems　抗解問題：要麼是新出現的，要麼是棘手的問題，沒有顯而易見的答案，需要共同努力才能解決

zeitgeist　時代精神：「時代的精神」

對照表

structurelessness 無結構狀態
subjunctivist 虛擬動詞語態
Sun Tzu 孫武
sycophants 馬屁精

T

Talbot, Captain 塔爾伯特上校
tame problems 易解問題
Tao 道
Taylor, F W 弗雷德里克‧溫斯洛‧
　泰勒
Tenerife air crash 特內里費空難
THαWMPS 享有特權、高大英俊的
　白人男性領袖
Theory X/Y X理論/Y理論
Thorndike, L 愛德華‧李‧桑代克
Three Mile Island 三里島
THWMS 高大英俊的白人男性
Tolstoy, L 列夫‧托爾斯泰
traditional authority 傳統權限
traits 特質
transactional leadership 交易型領導
transformational leadership 變革型領
　導
Tryon, Sir George 喬治‧特萊恩爵
　士
Tsunetomo, Y 山本常朝

U

USA 美國

V

vertical linkage dyad（VLD）垂直對
　子聯結
volition 意志力
vu jàdé 初次邂逅

W

warlords 軍閥
Waterman, R H 羅伯特‧H.沃特曼
Weber, M 馬克斯‧韋伯
Weick, K 卡爾‧韋克
Wellington, Duke 惠靈頓公爵
Wenger, E 艾蒂安‧溫格
wheelwright 車匠
Whig history 輝格黨式歷史
white elephant 白象
wicked problems 抗解問題
Wizard of Oz 奧茲國的巫師
wolves 狼

Z

Zaleznik, A 亞伯拉罕‧扎萊茲尼克
Zimbardo, P 菲利普‧津巴多

推薦閱讀書目

Chapter 1

An extended discussion of some the ideas in this chapter can be found in my *Leadership: Limits and Possibilities* (Basingstoke: Palgrave/Macmillan, 2005).

M. Alvesson and S. Sveningsson, 'Managers Doing Leadership: The Extraordinarization of the Mundane', *Human Relations*, 56(12) (2003): 1435–59.

J. S. Chhokar, F. C. Brodbeck, and R. J. House (eds.), *Culture and Leadership Across the World: The GLOBE Book of In-Depth Studies of 25 Societies* (London: Psychology Press, 2007).

W. B. Gallie, 'Essentially Contested Concepts', *Proceedings of the Aristotelian Society*, 56 (1955–6): 167–98.

R. A. Heifetz and M. Linsky, Leadership on the Line (Cambridge, MA: Harvard University Press, 2002).

P. Rosenzweig, *The Halo Effect* (London: Simon & Schuster, 2007).

K. E. Weick, *Making Sense of the Organization* (Oxford: Blackwell, 2001).

Chapter 2

An extended version of the ideas in this chapter can be found in my article 'Wicked Problems and Clumsy Solutions', in *Clinical Leader* 1:2.

M. Douglas, *Natural Symbols* (London: Routledge, 2003).

M. Douglas, *Purity and Danger* (London: Routledge, 2008).

A. Etzioni, *Modern Organizations* (London: Prentice Hall, 1964).

A. Jones, *The Innovation Acid Test* (London: Triarchy Press, 2008).

S. Milgram, *Obedience to Authority: An Experimental View*, 2nd edn. (London: Printer and Martin, 2005).

H. Rittell and M. Webber, 'Dilemmas in a General Theory of Planning', *Policy Sciences*, 4 (1973): 155–69.

M. Stein, 'The Critical Period of Disasters: Insights from Sensemaking and Psychoanalytic Theory', *Human Relations*, 57(10) (2004): 1243–61.

M. Sternin, J. Sternin, D. Marsh, and A. Rapid, 'Sustained Childhood

Malnutrition Alleviation Through a "Positive Deviance" Approach in Rural Vietnam: Preliminary Findings', in *Health Nutrition Model: Applications in Haiti, Vietnam and Bangladesh*, ed. O. Wollinka, E. Keeley, B. R. Burkhatler, and N. Bashir (Arlington, VA: Basic Books, 1997).

M. Verweij and M. Thompson (eds.), *Clumsy Solutions for a Complex World: Governance, Politics and Plural Perception* (Basingstoke: Palgrave/Macmillan, 2006).

P. G. Zimbardo, *The Lucifer Effect: How Good People Turn Evil* (London: Rider, 2009).

Chapter 3

An extended version of some of the ideas in this paper can be found in 'Leadership, 1965–2006: Forward to the Past or Back to the Future?', in *Mapping Management Studies*, ed. S. Dopson and M. Earl (Oxford: Oxford University Press, 2007).

L. H. Keeley, *War Before Civilization: The Myth of the Peaceful Savage* (Oxford: Oxford University Press, 1996).

D. McGregor, *The Human Side of Enterprise* (New York: McGraw-Hill, 1960).

A. Maslow, 'A Theory of Human Motivation', *Psychological Review*, 50 (1943): 370–96.

T. Peters and R. H. Waterman, *In Search of Excellence* (London: Harper and Row, 1982).

Chapter 4

C. Boehm, *Hierarchy in the Forest* (Boston: Harvard University Press, 2001).

L. L. Carli and A. H. Eagly, 'Gender and Leadership', in *The Sage Handbook of Leadership*, ed. A. Bryman, D. Collinson, K. Grint, B. Jackson, and M. Uhl Bien (London: Sage, 2011).

T. Carlyle, *On Heroes, Hero Worship and the Heroic in History* (London: Echo Library, 2007).

K. Grint, *Leadership: Limits and Possibilities* (Basingstoke: Palgrave/Macmillan, 2005).

G. Knopp, *Hitler's Children* (London: Sutton, 2002).

D. Lewis, *The Man Who Invented Hitler* (London: Headline Books, 2004).

N. Nicholson, *Managing the Human Animal* (London: Texere Publishing, 2003).

G. Sheffield, *Leadership in the Trenches* (Basingstoke: Macmillan, 2000).

F. De Waal, *Chimpanzee Politics: Power and Sex Among Apes* (Baltimore: Johns Hopkins University Press, 2000).

L. S. Warner and K. Grint, 'American-Indian Ways of Leading and Knowing', *Leadership*, 2(2) (2006): 225–44.

E. Wenger, *Communities of Practice: Learning, Meaning, and Identity* (Cambridge: Cambridge University Press, 1999).

Chapter 5

M. Alvesson and Y. D. Billing, *Understanding Gender and Organizations* (London: Sage, 1997).

B. Anderson, Imagined Communities (London: Verso, 1983). P. Backé, 'The Role of Fashion "Supermodels" in Advertising', unpublished D.Phil, Oxford University, 2000.

M. Gladwell, *Blink* (London: Penguin, 2006).

M. A. Hogg and D. J. Terry, *Social Identity Processes in Organizational Contexts* (London: Psychology Press, 2002).

S. M. Kaplan, M. M. Klebanov, and M. Sorensen, 'Which CEO Characteristics and Abilities Matter?', Swedish Institute for Financial Research, Conference on the Economics of the Private Equity Market; AFA, 2008, New Orleans Meetings Paper. Available at SSRN: <http://ssrn.com/abstract=972446> accessed 6 April 2010.

N. Keohane, 'On Leadership', *Perspectives on Leadership*, 3(4) (2005): 705–22.

I. Pears, 'The Gentleman and the Hero: Wellington and Napoleon in the Nineteenth Century', in *Leadership: Classical, Contemporary and Critical Approaches*, ed. K. Grint (Oxford: Oxford University Press, 1997).

N. Smith, V. Smith, and M. Verner, 'Do Women in Top Management Affect Firm Performance? A Panel Study of 2500 Danish Firms', Institute for the Study of Labour, Bonn, Discussion Paper 1708 (2005).

Chapter 6

B. M. Bass, *Leadership and Performance Beyond Expectations* (New York: Free Press, 1985).

R. R. Blake and J. S. Mouton, *The Managerial Grid* (Houston: Gulf, 1964).

J. Bratton, K. Grint, and D. Nelson, *Organizational Leadership* (Mason, OH: Thomson-South-Western, 2005).

J. MacGregor Burns, *Leadership* (New York: Harper and Row, 1978).

R. Cowsill and K. Grint, 'Leadership, Task and Relationship: Orpheus, Prometheus and Janus', *Human Resource Management Journal*, 18(2) (2008): 188–95.

R. J. House, 'A Path–Goal Theory of Leader Effectiveness', *Administrative Science Quarterly*, 16 (1971): 321–38.

J. M. Howell, 'Two Faces of Charisma: Socialized and Personalized Leadership in Organizations', in *Charismatic Leadership: The Elusive Factor in Organizational Effectiveness*, ed. J. A. Conger and R. N. Kanungo (San Francisco: Jossey-Bass, 1988).

B. Jackson and K. Parry, *A Very Short, Fairly Interesting and Reasonably Cheap Book about Studying Leadership* (London: Sage, 2007).

M. Weber, *Economy and Society* (Berkeley: University of California Press, 1978).

A. Zaleznik, 'Charismatic and Consensus Leaders: A Psychological Comparison', *Bulletin of the Meninger Clinic*, 38 (1974): 22–38.

Chapter 7

K. Grint, *Leadership: Limits and Possibilities* (Basingstoke: Palgrave/ Macmillan, 2005).

B. Kellerman, *How Followers Are Creating Change and Changing Leaders* (Boston: Harvard Business School Press, 2008).

R. E. Riggio, I. Chaleff, and J. Lipman-Blumen, *The Art of Followership: How Great Followers Create Great Leaders and Organizations* (San Francisco: Jossey Bass, 2008).

Chapter 8

Some of the ideas in this chapter are covered at greater length in my article 'Leadership and the Sacred', *Organization Studies* (2010): 89–107.

Z. Bauman, *Postmodern Ethics* (Oxford: Blackwell, 1993).

D. D. Chrislip and C. E. Larson, *Collaborative Leadership: How Citizens and Civic Leaders Can Make a Difference* (San Francisco: John Wiley, 1994).

D. Collinson, 'Questions of Distance', *Leadership*, 1(2) (2005): 235–50.

D. Collinson and S. Ackroyd, 'Resistance, Misbehaviour and Dissent', in *The Oxford Handbook of Work and Organization*, ed. S. Ackroyd, P. Thompson, R. Batt, and P. Tolbert (Oxford: Oxford University Press, 2005).

W. Draft, *The Deep Blue Sea* (San Francisco: Jossey Bass, 2001).

E. E. Evans-Pritchard, *The Nuer* (Oxford: Oxford University Press, 1940).

J. K. Fletcher, 'The Paradox of Post-Heroic Leadership: An Essay on Gender, Power and Transformational Change', *Human Relations*, 15(5) (2004): 647–61

M. Foucault, *Discipline and Punish* (Harmondsworth: Penguin, 1991).

J. Freeman, 'The Tyranny of Structurelessness', *Berkeley Journal of Sociology*, 17 (1970): 1972–3.

P. Froese, *The Plot to Kill God: Findings from the Soviet Experiment in Secularization* (Berkeley: University of California Press, 2008).

E. Fromm, *The Fear of Freedom* (London: Routledge, 2001).

G. Gemmil and J. Oakley, 'Leadership: An Alienating Social Myth?', in *Leadership: Classical, Contemporary and Critical Approaches*, ed. K. Grint (Oxford: Oxford University Press, 1997).

R. Girard, *Violence and the Sacred* (Baltimore: Johns Hopkins University Press, 1972).

P. Gronn, *The New Work of Educational Leaders* (London: Sage, 2003).

N. Harter, F. J. Ziolkowski, and S. Wyatt, 'Leadership and Inequality', *Leadership*, 2(3) (2006): 75–94. 131

R. A. Heifetz and M. Linsky, *Leadership on the Line* (Cambridge, MA: Harvard University Press, 2002).

J. Kristeva, 'Logics of the Sacred and Revolt', in *After the Revolution: On Kristeva*, ed. J. Lechte and M. Zournasi (Sydney: Artspace, 1998).

N. Machiavelli, *The Prince* (Oxford: Oxford University Press, 1998).

F. Nietzsche, *The Gay Science* (London: Random House, 1991).

A. J. Polan, *Lenin and the End of Politics* (San Diego: University of California Press, 1984).

J. Raelin, *Creating Leaderful Organizations: How to Bring Out Leadership in Everyone* (San Francisco: Berrett-Koehler, 2003). Sartre, J.-P., *Existentialism and Humanism* (London: Methuen, 1973).

L. S. Warner and K. Grint, 'American-Indian Ways of Leading and Knowing', *Leadership*, 2(2) (2006): 225–44.